who?

글 오영석

어린이들이 재미있고 신나게 읽을 수 있는 책을 쓰기 위해 노력하는 작가입니다. 나와 똑같이 고민하고, 실패했던 위인들의 이야기를 통해 독자들도 '할 수 있다'는 마음을 가지길 바랍니다. 작품으로 《세계사 한국사》, 《과학 교과 주제 탐구Q. 몸》, 《걸어서 세계 속으로 2. 일본》 등이 있습니다.

그림 스튜디오 청비

기발한 상상력을 바탕으로 새롭고 재미있는 콘텐츠를 만들어 내는 만화 창작 집단입니다. 어린이들이 책을 읽고 큰 꿈을 품기를 바라는 마음으로 즐겁게 작업하고 있습니다. 작품으로 《성철 스님》, 《아 다르고 어 다른 우리말 101가지》, 《반기문 유엔 사무총장의 꿈과 도전》 등이 있습니다.

감수 경기초등사회과연구회
진로 탐색 감수 이랑(한국고용정보원 전임연구원)
추천 송인섭(숙명 여자 대학교 명예 교수)

who? 세계 인물

헨리 데이비드 소로

개정판 1쇄 인쇄 2024년 11월 15일
개정판 1쇄 발행 2025년 1월 1일

글 오영석 **그림** 스튜디오 청비

펴낸이 김선식
펴낸곳 다산북스

부사장 김은영
어린이사업부총괄이사 이유남
책임편집 박세미 **디자인** 김은지 **책임마케터** 김희연
어린이콘텐츠사업1팀장 박정민 **어린이콘텐츠사업1팀** 김은지 박세미 강푸른
마케팅본부장 권장규 **마케팅3팀** 최민용 안호성 박상준 김희연
편집관리팀 조세현 김호주 백설희 **저작권팀** 이슬 윤제희 **제휴홍보팀** 류승은 문윤정 이예주
재무관리팀 하미선 김재경 임혜정 이슬기 김주영 오지수
인사총무팀 강미숙 이정환 김혜진 황종원
제작관리팀 이소현 김소영 김진경 최완규 이지우 박예찬
물류관리팀 김형기 김선민 주정훈 김선진 한유현 전태연 양문현 이민운

출판등록 2005년 12월 23일 제313-2005-00277호
주소 경기도 파주시 회동길 490
전화 02-704-1724 **팩스** 02-703-2219
다산어린이 카페 cafe.naver.com/dasankids **다산어린이 블로그** blog.naver.com/stdasan
종이 신승INC **인쇄** 북토리 **코팅 및 후가공** 평창피앤지 **제본** 대원바인더리

ISBN 979-11-306-5837-7 14990

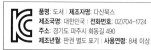

품명: 도서 | **제조자명:** 다산북스
제조국명: 대한민국 | **전화번호:** 02)704-1724
주소: 경기도 파주시 회동길 490
제조년월: 판권 별도 표기 | **사용연령:** 8세 이상

※ KC마크는 이 제품이 공통안전기준에 적합하였음을 의미합니다.

헨리 데이비드 소로

Henry David Thoreau

다섯
어린이

자신만의 멘토를 만날 수 있는
who? 시리즈

다산어린이의 〈who?〉 시리즈는 어린이들은 물론 어른들에게도 재미와 감동을 주는 교양 만화입니다. 〈who?〉 시리즈는 전 세계 인류에 영향력을 끼친 인물들로 구성되었으며 인물들의 삶과 사상을 객관적으로 전해 줍니다.

이처럼 다양한 나라와 분야에서 활약한 위인들의 이야기를 통해 과학, 예술, 정치, 사상에 관한 정보는 물론이고, 나라별 문화와 역사까지 배우게 될 것입니다. 〈who?〉 시리즈의 가장 큰 장점은 위인들이 그들의 삶에서 겪은 기쁨과 슬픔, 좌절과 시련, 감동을 어린이들이 함께 느낄 수 있다는 것입니다. 어린이들은 이 책을 읽으면서 폭넓은 감수성을 함양하게 됩니다.

〈who?〉 시리즈의 어린이 독자들이 책 속의 위인들을 통해 자신만의 멘토를 만나 미래의 세계적인 리더로 성장하기를 진심으로 응원합니다.

존 덩컨 미국 UCLA 동아시아학부 교수

존 덩컨(John B. Duncan) 교수는 한국학 분야의 세계적인 석학으로 미국 UCLA 한국학 연구소 소장 및 동 대학의 동아시아학부 교수를 겸직하고 있습니다. 하버드 대학교 교환 교수와 고려 대학교 해외 교육 프로그램 연구센터장을 역임했으며, 주요 저서로는 《조선 왕조의 기원》, 《조선 왕조의 시민 행정의 제도적 기초》 등이 있습니다.

세상을 더 나은 곳으로 만든
사람들의 이야기

어린이들은 자라면서 수많은 궁금증을 가지게 됩니다. 그중에서도 "저 사람은 누굴까?"라는 질문은 종종 아이들의 머릿속을 온통 지배해 버리기도 합니다. 다산어린이에서 출간된 〈who?〉 시리즈는 그런 궁금증을 해결해 주기 위해 지구촌 다양한 분야의 리더들을 소개하고 있습니다.

〈who?〉 시리즈에 등장하는 인물들은 인종과 성별을 넘어 세상을 더 나은 곳으로 만든 사람들입니다. 어린이들은 이 책에서 디지털 아이콘으로 불리는 스티브 잡스는 물론 니콜라 테슬라와 같은 천재 발명가를 만날 수 있습니다.

책 속 주인공들의 어린 시절 이야기를 통해 기쁨과 슬픔, 도전과 성취감을 함께 맛보고, 그들과 함께 성장하면서 스스로 창조적이고 인류에 도움이 되는 사람이 되겠다는 포부와 자신감을 갖게 될 것입니다.

〈who?〉 시리즈 속에서 다채롭고 생동감 넘치는 위인들의 이야기를 만나 보세요.

에드워드 슐츠 하와이 주립 대학교 언어학부 교수

에드워드 슐츠(Edward J. Shultz) 하와이 주립 대학교 언어학부 교수는 동 대학의 한국학센터 한국학 편집장을 역임한 세계적인 석학입니다. 평화봉사단 활동의 하나로 한국에서 영어 교사로 근무한 경험이 있으며, 현재 한국과 미국, 일본을 오가며 활발한 활동을 펼치고 있습니다. 저서로는 《중세 한국의 학자와 군사령관》, 《김부식과 삼국사기》 등이 있고, 한국 중세사와 정치에 대한 다수의 기고문을 출간했습니다.

미래 설계의 힘을 얻는 길이 여기에 있습니다

어린이가 성장하는 시기에는 스스로 미래를 설계하며 다양한 책을 접하는 경험이 필요합니다.

어린 시절 만난 한 권의 책이 인생에 미치는 영향이 얼마나 큰지는 꿈을 이룬 사람들의 말을 통해서 알 수 있습니다. 빌 게이츠는 오늘날 자신을 만든 것은 동네의 작은 도서관이었다고 말하고, 오프라 윈프리는 어린 시절 유일한 친구는 책이었음을 고백하며 독서의 중요성에 대해 이야기합니다.

꿈을 이룬 사람들의 공통점은 또 있습니다. 그들에게는 어린 시절, 마음속에 품은 롤 모델이 있었습니다. 여러분의 롤 모델은 누구인가요? 〈who?〉 시리즈에서는 현재 우리 어린이들이 가장 닮고 싶어하는 롤 모델을 만날 수 있습니다. 버락 오바마, 빌 게이츠, 조앤 롤링, 스티브 잡스 등 세상을 바꾼 사람들의 감동적인 이야기를 담은 〈who?〉 시리즈는 어린이들이 구체적인 목표를 설정하고 희망찬 비전을 세울 수 있도록 도와줄 친구이면서 안내자입니다. 〈who?〉 시리즈를 통하여 자신의 인생 모델을 찾고 미래 설계의 힘을 얻을 수 있습니다.

송인섭 숙명 여자 대학교 명예 교수

숙명 여자 대학교 명예 교수이자 한국영재교육학회 회장으로 자기주도학습 분야의 최고 권위자입니다. 한국교육심리연구회 회장, 한국교육평가학회장, 한국영재연구원 원장을 역임했습니다. 자기주도학습과 영재 교육의 이론을 실제 교육 현장에 적용하기 위해 노력하고 있습니다.

평생을 이끌어 줄
최고의 멘토를 만날 수 있는 책

10대에 가장 중요한 것은 무엇일까요? 학과 공부와 입시일까요? 우리나라 최초의 국제회의 통역사로 30년 동안 활동하면서 글로벌 리더들을 만날 기회가 수없이 많았던 저는 대한민국의 초등학생들에게 특별한 조언을 해 주고 싶습니다. 그것은 큰 꿈을 가지는 것이 무엇보다 중요하다는 것입니다.

꿈은 힘들고 지칠 때 나를 이끌어 주는 힘이고 내 인생의 주인이 되어 일어설 수 있게 하는 원동력이 되어 줍니다. 꿈이 있는 아이가 공부도 잘하고 결국 그 꿈을 실현할 수 있게 되는 것입니다. 저 역시 어린 시절 품었던 꿈이 지금의 자리에 있게 한 원동력이었습니다. 남들이 모르는 큰 꿈을 마음속에 간직하고 있었기에 괴롭고 힘들어도 포기하지 않고 다시 일어설 수 있었습니다.

어린 시절 저에게도 힘들고 지칠 때마다 용기를 불어넣어 주고 힘이 되어 주었던 분들이 있었습니다. 지금의 자리로 저를 이끌어 준 멘토들처럼 〈who?〉 시리즈에서 여러분의 친구이자 형제, 선생이 되어 줄 멘토를 만날 수 있기를 바랍니다.

최정화 한국 외국어 대학교 교수

우리나라 최초의 국제회의 통역사로 현재 한국 외국어 대학교 통번역대학원 교수로 재직 중입니다. 세계 무대에서 자신의 꿈을 이룬 여성 신화의 주인공으로, 역시 세계에서 꿈을 펼치려고 하는 청소년들에게 멘토로서의 역할을 충실히 하고 있습니다. 저서로는 《외국어 내 아이도 잘할 수 있다》, 《외국어를 알면 세계가 좁다》, 《국제회의 통역사 되는 길》 등이 있습니다.

차 례

Henry
David Thoreau

헨리 데이비드 소로

헨리 데이비드 소로는 자연을 사랑한 사람이었어요. 소로는 탐욕도, 이기심도 없는 자연이야말로 순리 그 자체이며, 사람도 순리인 자연과 어우러져 살아야 한다고 생각했지요. 자신의 굳은 뜻을 위해 감옥에 갇히기까지 한 소로는 어떻게 후세의 사람들에게까지 인정받을 수 있었을까요?

- 이름: 헨리 데이비드 소로
- 생몰년: 1817~1862년
- 국적: 미국
- 직업·활동 분야: 수필가
- 대표작: 《월든》, 《시민 불복종》 등

존

헨리의 형으로 헨리와 함께 마을의 전설로 전해 내려오는 인디언 영웅들의
흉내를 내며 노는 것을 좋아했습니다. 이후 성인이 되어서도 헨리와 함께
카누를 타고 여행을 떠나기도 했습니다. 하지만 갑작스러운 병으로 세상을
떠나고 말았습니다.

에머슨

에머슨은 빛나는 눈동자를 가진 헨리를 보자마자 예사롭지 않은 청년임을
알아보았습니다. 이후 헨리와 열네 살의 나이 차에도 불구하고 두 사람은
친구가 되었습니다. 훗날 에머슨은 헨리가 자신의 생각을 발전시킬 수
있도록 젊은 철학자들을 헨리에게 소개시켜 주었습니다.

들어가는 말

■ 자연의 순리 속에서 욕심 없이 사는 것이 가장 멋진 삶이라고 생각한 헨리 데이비드 소로에 대해
  알아봐요.
■ 헨리 데이비드 소로가 살았던 당시 미국의 시대 상황과 노예 문제에 대해 알아봐요.
■ 어린 시절부터 책 읽기와 사색을 즐기던 소로는 자라서 수필가가 되었어요. 수필가란 어떤
  직업인지 살펴봅시다.

콩코드의 특별한 아이

1817년 7월 12일.
미국 매사추세츠의 시골 마을 콩코드.

응애응애~

아빠!
아기가
태어났어요.

그래, 헬렌.
네 동생이 한 명 더
늘었구나.

할머니,
저도 볼래요!
네?

아버지가
사다 주셨다던
그거?

분명히 이 안에
넣어 뒀는데…….

나도 어제 네가 서랍에
넣는 걸 똑똑히 봤어.

어떻게 해…….

쟤 좀 수상하지 않아?

뭐가?

헨리의 아버지는 연필 공장을 운영했습니다. 하지만 원래는 교사였으며 열린 마음을 가진 사람이었습니다.

단지 피부색이 다르다는 이유로 사람이 사람을 억압하는 것은 있을 수 없는 일입니다.

헨리의 어머니는 성격이 활발하고, 따뜻한 마음을 가진 여인이었습니다.

맞아요. 여러분, 노예 해방에 대해 논의할 것이 있다면 언제든 우리 집으로 오세요.

그런데 형, 저런 모임을 왜 하는 거야?

흑인들의 자유를 위해서래.

자유?

나도 자세히는 몰라. 어른들의 일은 너무 복잡하잖아.

앞으로 일주일에 한 번 정도 우리 집에서 노예 해방을 위한 회의가 있을 거야.

그런 회의는 왜 하는 거예요?

사람이 사람답게 살기 위해서는 기본적으로 필요한 것이 있단다. 원하는 일을 하거나, 자유롭게 이동할 수 있는 권리 같은 것들이지.

하지만 노예들은 불행히도 그런 기본적인 권리를 모두 빼앗겼단다.

그럼. 우리는 사람답게 살기 위한 기본적인 것들을 가지고 있나요?

그래, 그렇게 생각하면 우리는 부자란다.

살아가는 데에 필요한 것보다 훨씬 많은 걸 가지고 있거든.

부모님의 말씀을 듣고 헨리는 많은 생각을 하게 되었습니다.

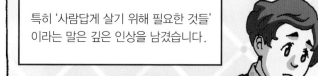

특히 '사람답게 살기 위해 필요한 것들'이라는 말은 깊은 인상을 남겼습니다.

참, 애들아, 스티브 씨가 우리 가족을 초대했는데 모두 갈 거지?

우리 마을에서 제일 부자인 스티브 씨요?

호호, 그래. 네가 좋아하는 맛있는 음식도 많을 거야.

헨리는 자신이 원하지 않는 것은 하지 않는 용기 있는 아이였습니다. 그래서 모두가 당연히 여겼던 마을 축제나 부자의 초대에도 응하지 않았습니다.

하지만 헨리의 부모님은 그런 아들을 전혀 이상하다고 생각하지 않았습니다.

백인이면서도 흑인 노예 해방주의자들에게 기꺼이 집을 빌려주었던 부모님의 열린 마음은 헨리에게도 똑같이 적용되었던 것입니다.

헨리와 형제들은 그런 부모님의 영향을 받고 있었습니다. 언제나 자신의 의견을 당당하게 말했고, 서로의 생각을 존중했습니다.

잘됐다, 헨리. 나도 안 갈 생각이었거든. 같이 책 보자.

응, 좋아!

헨리 데이비드 소로의 성공 열쇠

자연과 함께하는 삶을 살았던 헨리 데이비드 소로

소로는 자연을 사랑한 사람이었어요. 또 자연을 '순리'라고 믿는 사람이기도 했지요. 소로는 탐욕도, 이기심도 없는 자연이야말로 순리 그 자체이며, 사람도 순리인 자연과 어우러져 살아야 한다고 생각했어요. 소로는 사회 문제에도 적극적인 관심을 보였습니다. 1846년에 일어난 멕시코 전쟁에 반대하며 인두세의 납부를 거부한 것입니다. '인두세'란 성별·신분·소득 등에 관계없이 무조건 똑같은 액수의 세금을 매기는 제도였어요. 이 불합리한 제도를 거부하다가 소로는 감옥에 갇히기까지 했어요. 훗날 소로는 이 경험을 바탕으로 《시민 불복종》이란 책을 썼습니다.

소로는 살아 있을 때도 명성을 얻었지만 죽고 난 뒤에 더 유명해졌어요. 소로의 어떤 면이 후세의 사람들에게도 인정받는 것일까요?

1859년에 미국에서 발행된 성경책. 《성경》은 그리스도교의 경전이에요. ⓒ David Ball

하나　자신만의 신념

소로는 어릴 적부터 자신만의 신념을 소중하게 지키며 생활했어요. 정해진 사회 질서를 무조건 지키고 따르기보다 스스로의 질서를 세우며 가치관을 형성해 나갔지요. 한 가지 예로 소로는 교회에 다니지 않으려고 했어요. 당시 미국에서 교회에 다니지 않는 것은 사람들의 눈총을 받는 일이었어요. 그럼에도 불구하고 소로가 교회를 거부했던 것은 그리스도교만이 진리라고 주장하는 교회의 태도를 인정할 수 없었기 때문이에요. 소로는 진리를 스스로 찾을 수 있다고 믿었습니다. 이렇게 소로는 이미 정해진 규칙이나 남들이 만들어 놓은 사회를 무조건 따르는 것을 거부했습니다.

소로는 인간의 삶 역시 자연의 한 부분이라 생각했어요.

둘 사람과 자연을 사랑하다

어릴 적 소로는 어른들이 닭을 잡는 모습을 보고도 아무렇지도 않게 생각했다고 해요. 그 또래 어린이라면 닭을 가엾게 여기거나 동물을 죽이는 모습을 끔찍하게 생각하는 게 보통인데 말이에요. 소로가 그런 태연함을 갖출 수 있었던 것은 마음이 차가워서가 아니에요. 인간이 먹기 위해 동물을 키우고, 그것을 잡는 것이 자연스러운 일상이라고 여겼기 때문입니다.

소로는 인간의 삶 역시 자연의 한 부분이라고 생각했고, 과거 인디언이 그랬듯이 인간이 자연의 순리대로 살아가기를 바랐습니다. 새가 나무에서, 동물이 숲속에서 살듯이 인간도 그렇게 자연 속에서 살기를 꿈꾸었지요. 그래서 소로는 자연의 순리에 따라 사는 사람들을 존중하고 또 사랑했습니다. 또한, 어떤 사람이든 모두 동등하게 대해야 한다고 생각했어요. 실제로 교사로 일하던 시절에는 학생들에게 매를 들지 않기도 했지요. 그것은 사람이 사람을 때리면 안 된다는 신념을 가지고 있었기 때문이었어요.

인디언이 살던 원시의 땅, 아메리카 대륙을 발견한 콜럼버스(1451~1506년)

who? 지식사전

아메리카 대륙의 원주민

1492년, 이탈리아의 탐험가 콜럼버스는 신대륙을 발견합니다. 그는 이 신대륙을 인도라고 믿고, 신대륙의 원주민을 '인디언(인도 사람이라는 뜻)'이라고 불렀어요. 하지만 그 신대륙은 인도가 아니라 아메리카 대륙이었지요.
아메리카 대륙에 진출한 백인들은 처음엔 아메리카 원주민과 사이좋게 지냈어요. 그러나 백인들이 아메리카 원주민의 땅과 재산을 빼앗기 시작하면서 서로 적이 되고 맙니다. 백인들은 아메리카 원주민들을 무참히 죽이고 그들의 삶의 터전과 사회를 무너뜨렸습니다. 현재 아메리카 원주민들은 원주민 보호 구역에서 전통을 지키며 살거나 미국인과 동화되어 살고 있어요.

다양한 아메리카 원주민 부족

셋 **자유와 평등을 실천하다**

아메리카 대륙의 원주민인 인디언. 앗시나 부족의 '앗 시니보인 보이'라는 인디언이에요.

소로가 평생을 살았던 콩코드 마을은 본래 아메리카 원주민들이 살던 땅이었어요. 세월이 흘러도 콩코드의 숲에는 아메리카 원주민의 흔적이 고스란히 남아 있었어요. 숲에서 뛰어놀며 성장기를 보낸 소로는 자연스레 아메리카 원주민의 자유로운 삶을 배울 수 있었습니다.

콩코드는 미국인들이 영국의 통치에서 벗어나 자유를 쟁취하기 위해 전쟁을 벌였던 곳이지요. 때문에 콩코드의 주민들은 미국 독립의 역사가 이곳에서 시작되었다는 자부심을 갖고 있습니다. 이런 배경 덕분에 소로의 마음속에는 자연스럽게 자유와 평등에 대한 의식이 싹틀 수 있었어요. 또 열린 마음을 가진 부모님의 영향도 컸어요. 소로의 부모님은 흑인 노예 문제에 관심을 갖고 있었으며, 자신들의 집을 흑인 노예 해방 주의자들의 회의실로 내어 줄 만큼 자유와 평등을 소중하게 여기는 사람들이었어요. 이 모든 것들의 영향으로 소로는 자유와 평등을 실천하는 사람으로 성장했어요. 소로는 흑인과 백인, 종교가 있는 사람과 없는 사람, 어른과 아이를 가리지 않고 모두 평등하게 대했습니다.

who? 지식사전

할렘의 중심가인 125번가. 할렘은 미국 최대의 흑인 게토예요.

흑인 게토(Black ghetto)

흑인 게토란 미국 북부의 대도시에 있는 흑인들의 집중 거주 지구를 말해요. 처음에 미국의 흑인들은 대부분 남부 지역의 농촌에서 살고 있었어요. 그러다가 제1차 세계 대전 이후 뉴욕, 시카고, 워싱턴, 필라델피아, 디트로이트 등으로 옮겨 가기 시작했습니다. 백인들의 차별을 피하기 위해서였지요. 이렇게 흑인들끼리 모여 사는 흑인 거주 지구가 만들어졌어요. 그중에서도 뉴욕의 할렘은 미국에서 가장 큰 흑인 게토입니다. 미국에서 흑인들은 여전히 차별받고 있기 때문에 흑인 게토에는 가난, 주택난, 범죄, 비위생 등의 문제가 사라지지 않고 있어요.

넷 정의감

자연을 사랑한 소로는 평생 결혼을 하지 않았어요. 평온하고 안락한 삶보다는 진리를 찾는 삶에 더 가치를 두었기 때문이에요. 그러한 소로는 마음속에 정의가 살아 숨 쉬는 인물이었어요. 그는 평생 양심에 어긋나는 행동은 하지 않으려 노력했습니다.

소로는 교사 시절 아이들을 매로 다스리지 않겠다는 자신과의 약속을 어긴 적이 있어요. 동료 교사들과 교장의 압박 때문에 어쩔 수 없이 회초리를 들고 만 것이지요. 하지만 소로는 곧 양심의 가책을 느끼고 교단을 떠났습니다. 마음속의 정의가 스스로를 용서하지 않은 거예요.

소로는 흑인 노예 문제를 맹렬히 반대하기도 했습니다. 인간은 모두 평등하고, 그것이 정의라고 생각했기 때문이에요. 멕시코 전쟁에 반대하며 인두세를 내지 않은 것도 같은 생각에서였어요. 이 일을 겪으며 소로는 '올바르지 못한 정부에 대해서 시민은 복종을 거부할 권리가 있다.'고 주장했어요. 그것이 소로가 생각한 정의였습니다.

브롱크스 전문 대학에 세워진 소로의 흉상

미국의 제16대 대통령 링컨이 1863년에 발표한 노예 해방 선언문

소로의 명언과 명문장

1. 꿈을 향해 정진하다 보면 어느 순간 성공을 만나게 될 것이다.
2. 축복받은 사람이란 세상이 어지러워도 서쪽 하늘의 노을처럼 순수하고 평화로운 풍경을 매일 볼 수 있는 사람이다.
3. 비록 좁고 구부러진 길이라도 사랑과 존경을 받을 수 있는 길이라면 계속 나아가라.
4. 친구란 나를 있는 그대로 보아 주는 사람이다.
5. 법을 마치 정의처럼 존중하는 건 바람직하지 않다.
6. 모든 세대는 지난 유행을 비웃는다. 하지만 새 유행은 종교처럼 따른다.

2 존과 함께

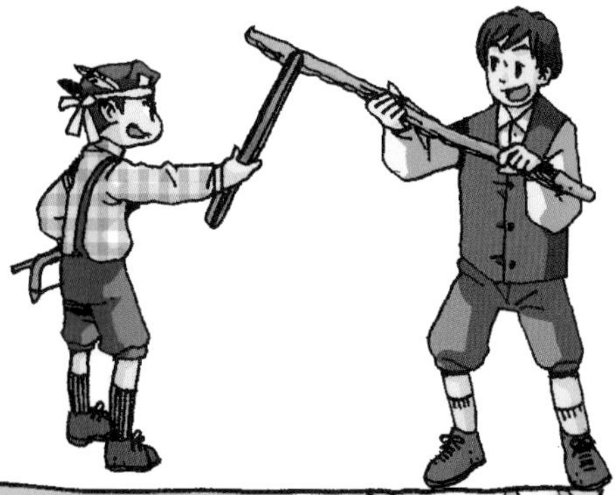

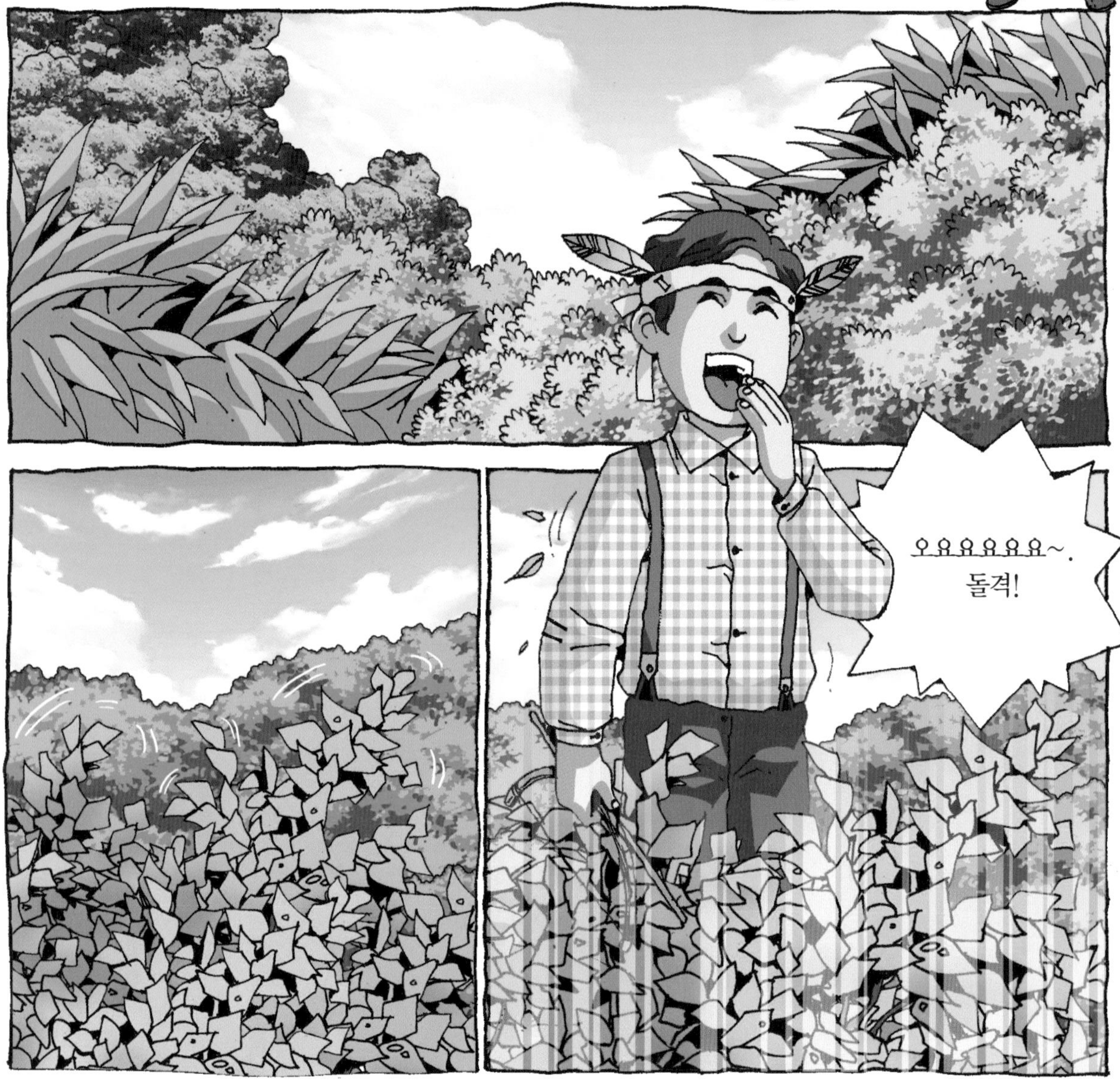

아…….

형, 인디언들은 뭘 먹고 살았어?

주로 나무 열매나 먹을 수 있는 뿌리를 먹었을 거야.

물고기나 숲속에 사는 동물들을 사냥하기도 하고.

헨리, 저쪽으로 가 보자.
인디언처럼 뛰는 거야.

좋아!
이번에는 꼭
이길 거야.

하하하.
내가 더 빠르지?

헨리, 조심해!
낭떠러지야!

헨리와 존이 가장 좋아한 곳은
마을 뒤의 숲과 노스브리지강이었습니다.
노스브리지강은 미국 독립 전쟁의
역사가 남아 있는 유적지였습니다.

깨끗이 씻어, 헨리.

벌써 다 씻었어.
냄새 맡아 볼래?

으, 됐어.
저리 가!

옛날에는 여기에
나무로 된 나리가
있었다는 거 알아?

응, 하지만 영국군이
불태워 버렸대.

그래, 맞아!

헨리와 존은 숲과 노스브리지 강가를 넘나들며 때로는
인디언을, 때로는 미국 독립 전쟁을 흉내 내었습니다.
그렇게 형제는 역사와 자연을 몸에 익히고 있었습니다.

솔직히 학교에서 배우는 것보다 숲에서 배우는 게 훨씬 많은 것 같아.

어째서?

학교에서는 모두가 책에 적혀 있는 내용만 외우고 있잖아. 꽃에 대해서 배우는데 만지지도 않고, 냄새를 맡지도 않고 어떻게 알 수 있지?

하긴. 나도 교실 안에만 있는 게 지겹긴 해.

모든 것이 살아 숨 쉬던 숲이 그리워. 아름다운 노스브리지강도.

헨리는 학교 수업에 큰 재미를 느끼지 못하고 있었습니다. 그럴수록 마음 놓고 뛰어놀 수 있었던 숲이 그리웠습니다.

헨리는 숲속에서 우연히 깊고 아름다운
호수를 발견했습니다. 콩코드에서 2km가량
떨어진 곳에 있는 월든 호수였습니다.

소로가 살았던 시대

하나 청교도의 시대

프랑스의 종교 개혁가 칼뱅(1509~1564년)

영국, 프랑스 등 유럽의 강국들은 미국을 식민지로 삼기 위해 자기 나라의 국민들을 보냅니다. 훗날 영국은 프랑스와의 식민지 다툼에서 이기고 미국을 지배하게 됩니다. 영국의 이주민들 중에는 종교 박해를 피해 건너온 청교도들이 많았어요. 청교도는 그리스도교의 한 종파로 성경의 가르침을 철저히 지키는 것을 중요하게 여기는 사람들이었어요. 청교도들은 종교에 대한 생각이 달라 오랫동안 영국인들과 갈등을 일으키다가 1775년부터 8년여 동안 독립 전쟁을 치르고 영국으로부터 독립합니다. 미국인들은 독립 전쟁에서 승리한 원인 중 하나를 '청교도 정신'에서 찾았어요. 그래서 경건한 신앙 생활과 근검 절약 정신, 욕심을 버리는 마음을 실천하며 살게 되지요. 대부분의 미국인들은 교회를 신성하게 여겼고, 교회를 다니지 않는 사람을 곱지 않은 시선으로 보았습니다. 이후 그리스도교는 미국의 중심 사상으로 자리매김합니다. 소로는 바로 그 무렵 태어났습니다.

who? 지식사전

미국의 종교

미국에 정착한 청교도들은 처음에는 종교의 자유를 인정하지 않았어요. 종교의 차별은 그리스도교를 믿는 사람만이 선거에 참여할 수 있을 정도로 심했어요. 그러나 현재 미국에는 다양한 종교가 공존하고 있습니다. 여러 인종과 민족이 이주해 오면서 한 종교만 믿도록 강요하는 것은 불가능한 일이 되었기 때문이에요. 하지만 여전히 그리스도교를 믿는 사람들이 가장 많아요. 유럽에서 건너온 사람들의 대부분이 그리스도교를 택했기 때문입니다.

둘   노예 문제

미국이 영국으로부터 독립을 할 때 바탕이 된 사상은
'천부 인권 사상'이었어요. 이 사상의 중심은 모든
인간은 태어날 때부터 평등하다는 것입니다. 독립
선언문 초안을 작성한 미국의 3대 대통령 토머스
제퍼슨(1743~1826년)은 천부 인권 사상에 따라 흑인
노예 제도를 없애야 한다고 주장했어요. 그에 따라
미국 정부는 노예 제도를 폐지하기로 하지만 북부
지역과 남부 지역 사람들의 의견이 엇갈리고 맙니다.
노예 제도 폐지를 반대한 쪽은 남부였어요.
소로는 이 시기에 노예 제도 폐지에 앞장섰습니다.
그러나 노예 제도가 사라지기 전 세상을 떠나고 맙니다.
미국의 노예 제도는 소로의 사망 후 남북
전쟁(1861~1865년)이란 큰 아픔을 겪은 뒤에야 폐지됩니다.
당시 미국의 대통령이었던 링컨은 노예 제도에 반대하는
입장이었어요. 이것을 받아들일 수 없었던 남부 사람들은
독립하여 노예 제도를 허락하는 나라를 만들고 싶어 했지요.
의견이 충돌하자 미국은 노예 제도를 찬성하는 남부와
반대하는 북부로 나뉘어 전쟁을 하게 됩니다. 결국 전쟁은
북부의 승리로 끝났고, 미국의 노예 제도는 폐지되었어요.

미국의 제16대 대통령 에이브러햄 링컨. 링컨은 남
북 전쟁을 승리로 이끌고 노예 제도를 폐지했어요.

남북 전쟁 당시 전투 장면을 그린 그림. 이 전쟁에
서 북부가 승리하여 노예 제도는 폐지되었습니다.

미국 독립 선언문

노예 해방의 바탕이 된 미국의 독립 선언문에는 어떤 내용이 들어 있을까요? 5장으로 이루어진
독립 선언문에는 영국으로부터 독립한 미국이 추구하는 바가 적혀 있어요. 모든 사람은
평등하게 태어났고, 누구나 행복과 자유를 추구할 권리가 있으며, 그러기 위해서 나라의 운명을
국민 스스로 결정해야 한다는 것이 주된 내용입니다. 이 선언문이 발표된 후 약 8년간의 긴 싸움
끝에 미국은 완전한 독립 국가가 되었어요.

미국 독립 선언문 초안

미국 중서부 콜로라도주에 터를 잡고 소를 키우는 카우보이들. 1898년에 촬영한 것으로 추정되는 흑백 사진을 컬러 사진으로 복원했어요.

셋　서부 개척 시대

아메리카 대륙으로 이주해 온 백인들과 인디언은 처음엔 사이가 좋았어요. 인디언들은 백인들에게 살 땅을 내어 주고 옥수수 종자를 나눠 주는 등 크고 작은 도움을 주었어요. 백인들 역시 추수 감사절이면 그해 거둔 곡식들을 인디언들과 나눠 먹으며 우정을 나누었어요. 그러나 이주해 오는 백인들의 수는 계속 늘어났고, 그들은 더 많은 땅을 필요로 했습니다. 결국 백인들은 인디언의 터전을 빼앗기 시작했어요. 주로 미국 동부에 모여 살던 인디언들은 점점 중서부 지역으로 쫓겨나게 되었어요. 하지만 더 많은 땅을 원한 백인들은 인디언이 쫓겨 간 중서부 지역도 탐냈습니다.

미국은 영국으로부터 독립한 후 본격적으로 중서부 지역으로 진출해요. 백인들은 이 시기를 가리켜 '서부 개척 시대'라고 부르지요. 자신들의 땅을 내어 주고 중서부로 옮겨 가서 살게 된 인디언들은 더 이상 백인들에게 터전을 빼앗기지 않기 위해 백인들과 전쟁을 치릅니다. 백인들과 인디언의 오랜 싸움은 결국 백인들의 승리로 막을 내립니다.

who? 지식사전

미국의 카우보이

카우보이

서부 개척 시대에는 목동들도 총을 지니고 있었어요. 도적으로부터 소를 빼앗기지 않기 위해서였지요. 이 시기 무장을 하고 다닌 목동들을 '카우보이'라고 불러요. 카우보이들은 서부 영화의 주인공으로 종종 등장한답니다.
당시 서부 지역의 카우보이들은 동부까지 소를 몰고 가곤 했어요. 키우던 소를 도시에 팔기 위해서였지요. 그런데 사람들이 많이 사는 동부의 뉴욕, 워싱턴, 필라델피아 등은 이미 대도시로 변해 버려서 소를 잡을 수 있는 곳이 없었어요. 그래서 카우보이들은 대도시 부근에 있는 작은 도시 시카고에서 소를 잡은 후 고기를 팔았어요. 시카고의 프로 농구팀 이름이 '불스(황소)'인 까닭이 여기에 있답니다.

넷 소로의 고향, 콩코드

미국 매사추세츠주에 있는 콩코드는 인디언들이 백인에게
우호의 상징으로 선물한 땅인 동시에 미국 독립 전쟁의
출발점이 되었던 역사적인 도시입니다. 1635년에
세워진 이 도시는 처음엔 '머스케터퀴드'라고 불렸어요.
'콩코드'라는 이름은 백인과 인디언 사이의 평화 협정을
기념하기 위해 새로 지은 것이에요. 콩코드는 큰 도시는
아니지만 아름다운 월든 호수와 우거진 숲이 있어서
관광객들의 발길이 끊이지 않는 곳이지요.

1760년경의 형태로 복원한 노스브리지 ⓒ Daderot

미국 독립 전쟁 당시 이곳 콩코드강의 '노스브리지'라는
다리에서 미국 독립군과 영국군이 격렬한 전투를
벌였어요. 철학자 에머슨은 〈콩코드 찬가〉라는 시를
통해 그때의 전투 상황을 묘사하며, 자유를 위해 싸운
군인들의 숭고한 애국 정신을 찬양했지요. 전쟁 중에
노스브리지는 불타 없어졌는데, 지금은 복원한 다리가
놓여 있어요.

19세기에 콩코드는 문화 중심지로도 성장했어요.
철학자이자 작가인 랠프 왈도 에머슨과 《주홍 글씨》로
유명한 작가 너대니얼 호손의 고향이 바로 콩코드랍니다.

콩코드강에서 카누를 즐기는 사람들. 소로도 형 존과 함께
카누를 타고 콩코드강을 누볐어요. ⓒ Daderot

너대니얼 호손(1804~1864년)

미국의 소설가 너대니얼 호손은 선장의 아들로 태어났어요. 호손은 1825년에 보든
대학교를 졸업한 뒤 1828년에 최초의 소설 《판쇼》를 출판해요. 하지만 미숙한 작품임을
깨닫고 스스로 소설을 거두어들입니다. 이후 호손은 경제적인 어려움으로 보스턴
세관에서 일하기도 합니다.

호손은 청교도 가정에서 태어났기 때문에 청교도의 사상과 청교도인의 생활 태도에 관한
작품을 많이 썼어요. 호손이 1850년에 발표한 《주홍 글씨》는 그의 대표작인데, 호손은 이
작품에서 17세기 청교도인들의 거주지였던 보스턴에서 일어난 부도덕한 사건을 세밀하게
그려 냈어요. 이후 《주홍 글씨》는 19세기 미국의 대표 소설로 자리매김했습니다.

미국의 소설가 너대니얼 호손

3 에머슨을 만나다

헨리는 월든 호수를 자주 찾았습니다.
그곳에서 배를 타고 낚시를 하거나 수영을 하며
주로 자연을 즐기기 위해서였습니다.
어느 날은 아무것도 하지 않고 그저
호수를 바라보기도 했습니다.

하지만 언제까지나 숲과 호수에서 지낼
수만은 없었습니다. 헨리는 학교를 졸업하고
하버드 대학에 입학하여 기숙사 생활을
시작했습니다.

대학에서 헨리가 가장 많이 한 일은
도서관에서 책을 읽는 것이었습니다.
헨리는 대학 4년을 대부분 책과 함께
보냈습니다.

헨리 데이비드
소로?

응? 나 말이야?

*에머슨: 랠프 왈도 에머슨(1803~1882년). 미국의 이상주의 철학자

스스로 텐트를 치고 먹을 것을 만들고 잠자리를 살피는
이 모든 경험은 헨리를 들뜨게 만들었습니다.
헨리는 이 즐거운 순간을 일기로 기록해 두었습니다.

이 모습이야말로 자연과 더불어 살아가는
진짜 인간의 모습이다.
일상에서 경험으로 얻은 진리는
책 속에 있는 어떤 좋은 말보다 소중하다.
오늘 난 자연 속에서 가장 자연스러운
인간의 모습으로 존재했다.

방학을 맞은 헨리는
시골집으로 돌아왔습니다.

소피아,
잘 지냈어?

오빠,
오랜만이야.

그게 다 뭐야?

내가 틈틈이 쓴
글들이야.

와아,
봐도 돼?

그럼.

그런데 얼마 후, 헨리의 여동생
소피아는 당시 주목받는 철학자였던
랠프 왈도 에머슨의 강연회에서 놀라운
경험을 하게 됩니다.

여러분, 책을 통해
머리로 이해하는 건 지식이지
진리가 아닙니다.
진리는 경험으로 깨닫는 것이죠.
우리가 진리를 얻기 위해서는
모든 이기심과 탐욕을 버리고
자연 속의 인간 본연의 모습으로
돌아가야 합니다.

에머슨을 만나다 **63**

에머슨 씨한테 편지가 왔어! 오빠를 정식으로 초대하겠대.

에머슨? 그 유명한 철학자 에머슨 말이야?

며칠 후,
헨리는 에머슨의 집을 방문했습니다.
에머슨은 빛나는 눈동자를 가진 헨리를 보자마자 예사롭지 않은 청년임을 알아보았습니다.

헨리 군, 자네와 이야기를 하고 싶어서 초대했네. 만나서 반갑네.

네,
에머슨 씨.

난 자네의 글을 보고 감명받았네.
내가 연구하는 '초월주의'와 많은 부분 일치하더군.

초월주의란 건 현실 세계를 초월한 *이상향의 세계가 있단 말이지요?

*이상향: 인간이 생각할 수 있는 최선의 상태를 갖춘 완전한 사회

헨리와 에머슨은 오랫동안 이야기를 나누었습니다.
열네 살의 나이 차에도 불구하고 두 사람은 같은
생각을 가진 친구가 되어 가고 있었습니다.

훗날 에머슨은 초월주의자들의 모임인
'콩코드 그룹'에 헨리를 소개했습니다.
헨리는 이 모임에서 올코트, 파커, 헤지 등의
젊은 철학자들과 친분을 쌓으며 자신의 생각을
발전시켜 나갔습니다.

세계인에게 사랑받는 소로의 책들

하나 《월든》

소로는 월든 호수의 숲속에 오두막을 짓고 2년 동안 생활한 적이 있어요. 소로는 이 2년 동안의 경험을 글로 남겼는데, 그것이 바로 《월든》이에요. 《월든》은 소로가 숲속에서 나온 지 7년이나 지난 후에 출간되었어요.

소로는 《월든》에서 일에 얽매여 사는 삶을 노예의 노동과 비교했습니다. 사람들은 욕심과 이기심 때문에 스스로를 일의 노예로 만드는데, 이러한 삶은 주인에게 구속당한 채 일만 하는 노예의 삶과 다를 게 없다고 보았어요. 소로는 사람들이 일의 노예가 되는 원인을 물질에서 찾았습니다. 좋은 집을 소유하기 위해 사람은 돈을 벌고, 좋은 집을 산 뒤에는 거기에 맞는 비싼 가구를 삽니다. 그러다 보면 일의 노예가 될 수밖에 없지요.

당시 《월든》에 대한 평가는 엇갈렸어요. 하지만 《월든》은 끊임없이 재평가되었고, 오늘날 전 세계에서 사랑받는 책으로 자리 잡았어요.

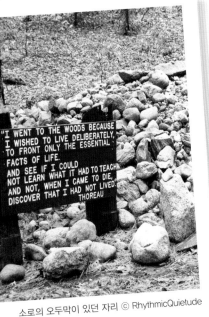

소로의 오두막이 있던 자리 © RhythmicQuietude

who? 지식사전

미국의 시인 로버트 프로스트. 농경 생활과 자연을 노래한 시를 많이 썼어요.

《월든》에 대한 세계 명사들의 평가

- 나는 큰 즐거움으로 《월든》을 읽었으며, 깊은 감명을 받았다.
  _ 인도의 성자 마하트마 간디
- 헨리 데이비드 소로는 《월든》이라는 단 한 권의 책으로 불후의 명성을 얻었다.
  _ 미국의 시인 로버트 프로스트
- 만약 우리의 대학들이 현명하다면 졸업생 모두에게 졸업장과 더불어, 아니 졸업장 대신 《월든》을 한 권씩 주어야 할 것이다. _ 미국의 작가 엘윈 브룩스 화이트
- 소로의 사상을 한마디로 표현하라면, 간소하게 살라는 거예요. 간소하고 간소하게. 너무 많은 것을 지니고 사는 현대인들에게 주는 훌륭한 메시지예요. _ 한국의 승려 법정

둘 《시민 불복종》

1849년에 출판된 《시민 불복종》은 《월든》과 함께 소로를
유명하게 만든 책이에요. 시민은 옳지 않은 일을 하는
정부에 합법적으로 저항할 수 있다는 주장을 담은
에세이입니다.

소로는 1846년 7월, 멕시코 전쟁에 반대하며
인두세(개인의 능력과 상관없이 모두에게 똑같이 매겨지는
세금) 납부를 거부했어요. 그 결과 감옥에 갇히게
되었지요. 소로는 이때 감옥에서 지낸 경험을 바탕으로
《시민 불복종》을 썼습니다. 이 책에는 노예 해방과 전쟁
반대를 외치는 소로의 뜨거운 목소리가 담겨 있어요.
《시민 불복종》의 내용을 한마디로 요약하면 다음과 같습니다.
'시민은 잘못된 정책을 펴는 정부를 거부할 권리가 있다.'
소로는 국가의 법보다 정의가 먼저라고 생각했어요. 전쟁을
일으켜 다른 나라를 침략하고 군인들을 죽음으로 내모는
정부, 노예 제도를 유지하여 흑인들의 인권을 무시하는
정부는 정의롭지 않다고 생각했지요. 소로는 이런 정부를
거부하겠다는 뜻으로 세금을 내지 않은 것입니다.

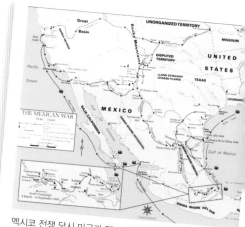

멕시코 전쟁 당시 미국과 멕시코의 영토를 나타낸 지도

《시민 불복종》은 시민은 옳지 않은 일을 하는 정부에 저항할 수 있다는 주장을 담았어요.

멕시코 전쟁

소로가 반대한 멕시코 전쟁은 1846년부터 1848년까지 미국과 멕시코가 싸운 전쟁이에요.
미국은 1845년에 9년 전 멕시코로부터 독립한 텍사스를 미국 영토로 병합합니다. 멕시코는
이에 불만을 품고 미국과의 관계를 끊고 맙니다. 멕시코는 여전히 텍사스의 독립을 인정하지
않고 있는 상태였거든요. 이후 미국과 멕시코는 텍사스의 경계를 놓고 갈등을 일으키게
됩니다. 갈등은 전쟁으로까지 번지고 말아요. 미국과 멕시코의 국경에서 두 나라 군대 사이에
충돌이 일어나고, 미국은 1846년 5월 11일 멕시코에 전쟁을 선포합니다. 전쟁의 승자는
미국이었어요. 미국은 승리의 대가로 멕시코의 땅이었던 뉴멕시코주, 유타주, 네바다주,
애리조나주, 캘리포니아주, 텍사스주, 서부 콜로라도주 등의 영토를 손에 넣게 됩니다.

멕시코시티를 점령한 미국 군
인. 1851년에 발행된 《미국과
멕시코의 전쟁》이란 책의 삽화
예요.

셋 《콩코드강과 메리맥강의 일주일》

《콩코드강과 메리맥강의 일주일》은 학창 시절에 소로가 형 존과 함께 카누를 타고 강을 여행한 이야기를 담은 책입니다. 실제 여행한 기간은 14일이었으나 소로는 일주일로 줄여서 형과 함께했던 멋진 여행을 표현했어요. 이 책에는 여행에서 돌아온 후 젊은 나이에 세상을 떠난 형에 대한 그리움도 짙게 묻어 있답니다. 소로는 이 책의 원고를 월든 호숫가에서 살 때 썼습니다. 1849년에 출판된 《콩코드강과 메리맥강의 일주일》은 소로의 첫 책이에요. 소로는 이 책의 인쇄비를 손수 부담하기도 했어요. 하지만 독자들의 반응을 얻지 못해 고작 200여 부밖에 판매하지 못했어요. 출판사는 이 책을 소로의 집 앞에서 헐값에 마구 팔기까지 했습니다. 결국 소로는 자신의 돈으로 남은 책들을 모두 사들였습니다. 소로는 경제적으로 적잖은 손실을 입었어요. 그러나 이 일로 낙담하지는 않았어요. 중요한 것은 자신이 책을 펴냈다는 일이라고 생각하며 글 쓰는 일에 더욱 전념했습니다.

해 질 녘 메리맥강의 풍경

who? 지식사전

작가, 편집자, 디자이너 등 책과 관련된 직업은 다양합니다. ⓒ Pratheepps

책과 관련된 직업

책과 관련된 직업은 참 여러 가지예요. 우선 소로처럼 글을 쓰는 작가가 있습니다. 또 책을 만드는 과정을 주관하는 편집자가 있지요. 그리고 책의 꼴을 예쁘게 꾸미는 디자이너, 책을 인쇄하는 인쇄 기술자, 인쇄물을 가지고 한 권의 완성된 책을 만드는 제본 기술자, 책을 어떻게 홍보하고 판매할 것인지 계획하는 출판 마케터 등도 모두 책과 관련된 직업입니다.

한편 책을 인쇄하여 출판하는 일을 전문으로 하는 회사를 출판사라고 해요. 우리나라 최초의 출판사는 1884년에 세워진 광인사입니다. 통계에 의하면 현재 우리나라의 출판사는 2만 개가 넘는다고 해요.

넷 《산책》

1861년에 출판된 《산책》은 소로가 지은
에세이입니다. 소로의 대표작은 《월든》이지만, 어떤
비평가들은 이 《산책》을 진정한 대표작으로 꼽기도
해요. 그들은 《산책》이야말로 소로의 자연에 대한
마음을 엿볼 수 있는 작품이라고 평가합니다. 소로는
이 책에서 단순히 자연을 찬양한 게 아니에요. 현대
문명과 자연의 조화를 위해 노력하자는 주장을 함께
담았습니다. 소로는 자연과 인간, 자연과 현대 문명이
어우러진 아름다운 세상을 꿈꾸며 이 책을 썼어요.
소로의 자연 사랑은 최초로 환경 운동 단체를 만든
존 뮤어를 비롯한 많은 환경 운동가들에게 본보기가
되었어요. 나아가 1964년 미국 정부가 자연 경관과
야생 동물을 보호하기 위한 법안을 만드는 데에도
영향을 미쳤습니다.
현대 문명은 지금도 발전만을 추구하면서 자연을
파괴하고 있어요. 소로의 책은 그런 우리를
반성하게 한답니다.

월든 호수의 봄 풍경

소로가 사랑했던 월든 호수의 겨울 풍경

환경 운동

환경 운동이란 공기·물·동식물·토양·해양 등 자연 환경이 오염되지 않도록 지키고 가꾸는 것을 말해요. 오늘날
자연 파괴의 주범이 인간이라는 인식이 강해지면서 전 세계적으로 환경 운동이 강조되고 있어요. 야생 동식물 보호, 지구
온난화를 막기 위해 화석 연료를 줄이려는 노력 등이 모두 환경 운동이지요.
근대적인 환경 운동의 계기가 된 일은 18세기 중반에 영국에서 일어난 산업 혁명이에요. 산업 혁명은 산업의 발달을
가져왔지만 동시에 환경 파괴도 일으켰지요. 이에 대한 반성으로 19세기 들어 서구에서는 자연 보호가 강조되었어요.
독일에는 최초로 동물 보호 협회가 설립되었고, 미국은 1892년에 세계 최초로 서부의 옐로스톤 지역을 국립 공원으로
지정하여 원시 지역 보호를 시작했습니다. 우리나라는 1998년 10월 자연 보호 헌장을 선포하며 환경 운동에 힘쓰고 있어요.

4 선생님이 되다

대학을 졸업한 헨리는
고향에 있는 센터스쿨에서
교사 생활을 시작했습니다.

당시는 선생님이 학생들을
*체벌하는 것을 당연하게 생각하던
시절이었습니다.

아야!

똑바로 대!

*체벌: 몸에 고통을 주어서 벌하는 일

정말일까?

에이, 설마……．

헨리는 약속대로 학생들에게
전혀 매를 들지 않았습니다.
그러던 어느 날이었습니다.

헨리 선생.

네, 교장 선생님.

듣자하니 학생들이
말썽을 피워도 체벌을
하지 않는다고 하던데.
그게 사실입니까?

맞을 만큼 말썽을
피우는 학생은
없습니다.

그래요? 하지만 혼자서
체벌을 하지 않으니
다른 선생들의 불만이
많아요. 헨리 선생도 좀
변하는 것이 좋겠소.

*성직자: 교회의 종교 사업에 종사하는 사람

그래서, 교회에 가지 않겠다고?

안 가. 이제 다시는 안 갈 거야.

미국은 *청교도들이 아메리카 대륙으로 이민을 가서 만들어진 나라였습니다. 그들은 그리스도교의 가르침을 바탕으로 올바른 삶을 추구했습니다. 그래서 당시에는 교회에 다니지 않는 사람을 이상한 눈으로 바라보았습니다.

하지만 헨리는 그리스도교를 좋아하지 않았습니다. 그리스도교가 매주 일요일 개인의 자유로운 시간과 생각을 빼앗고 있다고 생각했기 때문입니다. 무엇보다 헨리는 모든 사람에게 종교를 가지지 않을 권리가 있다고 여겼습니다.

*청교도: 16세기 후반, 영국의 교회에 반하여 생긴 개신교의 한 교파

체벌 없이 제대로 된
수업을 하는 것은 불가능해요.
헨리 선생 때문에 아이들의 버릇만
나빠졌다고요.

아닙니다. 체벌 없이도 얼마든지
교육할 수 있어요. 체벌은
강압적으로 학생들을 통제하려는
수단에 불과합니다.

하! 말은 그럴듯하군요.
하지만 학교는
단체 생활입니다.
단체의 질서를
유지하기 위해서는
개인의 희생이
필요합니다!

뭐라고요? 단체를 위해
개인이 희생해도 된다는 것은
도대체 누구의 생각입니까?
시민이 옳고 국가가 틀릴 수 있습니다.
마찬가지로 학생이 옳고
학교가 틀릴 수도 있어요.

며칠 뒤, 헨리의 수업 시간에 많은 교사가 함께 들어왔습니다. 정말 헨리가 매를 드는지 지켜보기 위해서였습니다.

자, 책을 읽어 보자.
모두 교과서 56쪽을 펴라.

잭, 책을 가지고 오지
않았니?

네, 선생님.
죄송합니다.

휴······.

잭, 회초리를
가지고 오너라.

네?

회초리를 가지고 와.

여, 여기요.

손바닥을 대라.

이건 제 양심이 용서하지 않는군요.
학생들을 때려야만 교사를 할 수 있다면
차라리 학교를 그만두겠습니다.

뭐, 뭐라고?

헨리는 학생을 때렸다는 사실이
부끄러워 견딜 수 없었습니다.
결국 헨리는 이 일로 학교를 그만두었습니다.
그것이 헨리의 양심이었습니다.

현대인의 눈으로 본 소로의 삶

하나 대안 학교

소로는 교사 시절, 학생을 체벌하라는 학교의 방침을 거부하고
교단을 떠납니다. 그리고 형 존과 함께 학교를 세웁니다.
소로는 자신이 세운 학교에서 자신만의 수업 방식으로
학생들을 가르쳤어요. 학생들은 자연 속에 파묻혀 새와 꽃과
벌레들을 직접 보고 만지며 공부했지요. 소로의 이런 교육은
당시엔 매우 파격적이었습니다. 또 소로의 학교에는 당연히
체벌도 없었습니다.
소로의 학교는 지금의 대안 학교와 비슷하다고 볼 수 있어요.
대안 학교란 공교육의 문제점을 보완하기 위해 세운 학교로,
학생이 중심이 되어 자율적으로 수업한다는 특징이 있어요.
20세기 중엽부터 유럽을 중심으로 대안 학교 운동이
활발하게 이루어졌는데 영국의 교육가 A.S. 닐이 1921년에
설립한 '서머힐 스쿨'은 대안 학교의 모델로 손꼽힙니다.
우리나라에서도 대안 학교가 꾸준히 성장하고 있어요. 대안
학교들은 서로 협조하며 새로운 교육 풍토를 만들고자
노력하고 있습니다.

서머힐 스쿨의 설립자 A.S. 닐
ⓒ Zoe Readhead

who? 지식사전

서머힐 스쿨

서머힐 스쿨

서머힐 스쿨은 영국의 교육자 A.S. 닐이 1921년에 설립한 학교입니다. 영국의 수도
런던에서 약 100km 떨어진 곳에 있어요. 서머힐 스쿨의 설립 목적은 '비형식적이고
자유주의적인 학교 설립'이에요. 설립자 닐은 '형식적이고 자유롭지 못한 공교육'이 문제가
있다고 생각해 서머힐 스쿨을 세웠지요. 서머힐 스쿨의 교육 과정은 유치원, 초등학교,
중 · 고등학교로 이루어져 있어요. 5세에서 16세에 이르는 학생들이 입학할 수 있는데,
학생들은 함께 기숙사 생활을 한답니다. 이 학교의 학생들은 자발적으로 사회 규범을
배우고, 미래의 진로를 결정할 수 있어요. 또 수업 시간표는 있지만, 강제성은 없어요.
서머힐 스쿨의 교육 방식은 전 세계 초등 교육 혁신에 영향을 미쳤습니다.

둘 　 유기 농업

《월든》에는 소로가 곡식을 키운 이야기가 나와요. 소로는
월든 호숫가에서 밭을 일구었는데, 알아서 곡식이
자라도록 내버려 두었습니다. 비료도 주지 않고, 농약도
뿌리지 않았어요. 그런데 뜻밖에도 곡식은 풍성하게
자라났습니다. 게다가 어디선가 바람을 타고 날아온
씨앗까지 더해져 소로는 넉넉한 곡식을 거둘 수
있었어요. 그 시절, 소로는 몸소 유기 농업을 실천한
것입니다. 유기 농업이란 화학 비료나 농약, 생장 촉진제
등을 사용하지 않고, 유기물과 미생물 등 자연적인
재료로만 농사짓는 친환경적인 농업을 말해요. 유기 농업은
자연을 보호할 뿐만 아니라, 사람에게도 이로워요. 이런
점이 알려지면서 유기 농업을 위한 다양한 방법이 개발되고
있습니다. 예를 들어 해충을 잡기 위해 농약을 뿌리지 않고
대신 천적을 풀어 해충을 막는 거예요.
우리나라 봉하 마을의 '오리쌀'은 이러한 유기 농법으로
생산된 쌀이에요. 봉하 마을 사람들은 논에 오리를 풀어서
해충을 잡아먹게 했답니다. 그러자 벼를 갉아 먹는 해충이
눈에 띄게 줄어들었고, 질 좋은 쌀을 얻을 수 있었어요.

유기 농업을 하고 있는 미국 워싱턴의 과수원. 팻말의 문구
'DO NOT SPRAY'는 농약을 뿌리지 않는다는 뜻이에요.
ⓒ Christopher Thomas

유기 농업을 하고 있는 미국 캘리포니아의 채소밭

봉하 마을

봉하 마을은 경상남도 김해시 진영읍에 있는 작은 마을이에요. 노무현 전 대통령의
고향으로 유명하지요. 노무현 전 대통령은 사법 고시에 합격하여 법조인이 되기
전까지 오랜 세월 이 마을에서 살았어요. 그리고 2008년, 대통령직에서 물러난
뒤 다시 이곳에 돌아와 살았는데, 그때부터 찾는 사람들이 많아져서 자연스럽게
관광지가 되었답니다. 봉하 마을 사람들은 주로 벼농사와 단감 농사를 지어요.
이곳에서 재배한 단감은 '진영 단감'이라 불리는데, 맛이 좋아 아주 인기가 높아요.
또 친환경 쌀로 유명한 '오리쌀'도 봉하 마을의 명물이에요. 오리를 이용해 농사를
짓는 방법은 노무현 전 대통령의 아이디어였답니다.

봉하 마을에 있는 노무현 전 대통령의
생가 ⓒ G43

셋　환경 보호

소로는 일찍이 발전을 핑계로 야생의 자연을 파괴하지 말아야 한다고 경고했어요. 그러나 현대 사회는 발전에만 치우치다가 소중한 자연 환경을 파괴하고 말았습니다.

북극의 빙하가 녹으면서 북극곰의 터전이 사라지고 있어요.

환경 오염의 심각성: 경제 발전을 이룬 현대인들은 편안한 생활을 하게 되었어요. 하지만 그럴수록 생태계가 파괴되고, 환경은 오염되었어요. 그 영향으로 지구촌 곳곳에서 이상 기후가 나타나거나 무서운 질병이 번지고 있습니다. 요즘 두드러지고 있는 지구 온난화는 매우 중요한 환경 문제입니다. 지구 온난화는 지구가 점점 따뜻해지는 현상입니다. 자동차와 공장의 매연, 숲의 파괴, 화석 연료의 지나친 사용 등은 지구 온난화를 부채질하는 원인이에요. 지구 온난화로 인해 극지방의 빙하가 녹으며 생태계가 파괴되고 있어요. 또한 폭우가 내리거나 폭염이 길어지는 등 이상 기후가 나타나고 있습니다. 지구 온난화가 계속되어 남극과 북극의 빙하가 모두 녹는다면, 지구의 대부분이 물에 잠긴다고 해요.

점점 녹고 있는 그린란드의 빙하

who? 지식사전

스모그가 발생한 뉴욕. 스모그는 매연을 비롯한 대기 오염 물질이 안개처럼 뒤덮인 현상을 말해요.

녹색 성장

녹색 성장은 경제 발전과 환경 보호를 함께 이룬다는 새로운 경제 성장 전략입니다. 매연을 덜 뿜어내는 자동차, 전기를 절약할 수 있는 가전제품, 숲이 조성되어 있는 아파트 등은 모두 녹색 성장을 위한 노력들이에요. 우리가 쓰레기를 줄이고, 자동차 대신 자전거를 타고, 에어컨 가동 시간을 줄이는 일도 모두 녹색 성장을 위해 필요한 일이지요.

현대 사회에서 환경을 고려하지 않는 개발은 환영받지 못합니다. 환경 문제는 우리 모두의 생활과 연결되기 때문이지요. 따라서 앞으로 녹색 성장은 국가 경쟁력을 높일 수 있는 성장 전략이 될 것입니다.

기후 변화 협약: 지구 온난화는 온실 가스가 너무 많아져서 지구의 온도가 높아지는 현상이에요. 온실 가스란 지구를 온실처럼 덥게 만드는 기체입니다. 대표적인 온실 가스는 이산화 탄소예요. 이산화 탄소는 공장이나 자동차 등에서 내뿜는 매연에 들어 있지요.

산업화로 인해 이산화 탄소와 같은 온실 가스의 양은 점점 늘어나고 있어요. 온실 가스는 지구를 이불처럼 덮어서 지구 안의 열이 빠져나가지 못하게 막지요. 그래서 지구의 온도는 점점 올라가게 되는 것입니다. 세계는 많은 환경 문제의 원인이 되는 지구 온난화를 막자는 뜻으로 1992년 5월에 '기후 변화 협약'을 만듭니다. 이 협약으로 인해 환경 보호 설비를 갖추지 않은 공장은 무거운 세금을 내고 수출에도 제약을 받게 되었습니다. 그런데 기후 변화 협약은 후진국들에게는 다소 불리하게 작용하기도 해요. 후진국들은 친환경 설비가 부족하고 친환경 제품을 만들 수 있는 기술이 부족하거든요. 그래서 비싼 비용을 들여 선진국의 기술을 들여와야 하는 어려움이 있답니다.

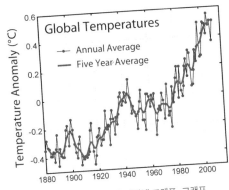

지구 표면의 평균 온도 변화를 나타낸 그래프. 그래프의 빨간 선은 5년 동안의 평균 온도를 뜻해요.
ⓒ Robert A. Rohde

기후 변화 협약 회의를 알리는 거리 뉴스(2008년 제14차 기후 변화 협약 회의, 폴란드 포즈난)

친환경 제품

녹색 성장이 점점 더 강조됨에 따라 앞으로는 친환경 제품이 소비자들의 사랑을 받을 거예요. 소비자는 농약을 쓰지 않은 유기농 과일을 고르고, 완구, 학용품 등도 제조 회사가 얼마나 환경 보호를 위해 노력했는지에 따라 판매량이 달라질 것입니다. 이런 변화는 이미 일어나고 있습니다. 친환경 제품을 선호하는 소비자들이 늘어나자, 기업들은 앞다퉈 친환경 제품을 개발하고 있어요. 제품을 홍보할 때도 환경을 고려한 제품이라는 점을 강조하지요. 은행에서는 이산화 탄소 배출을 줄이려고 노력하는 기업에 더 많은 금융 혜택을 주고 있습니다.

친환경 제품인 전기 자동차

5 콩코드강에서

뭐야? 그래서 학교를 그만뒀다고?

응. 형, 나랑 같이 진짜 학교를 만들어 볼 생각 없어?

진짜 학교?

그래. 책 대신 자연에서 배우고, 때리지 않아도 학생 스스로 공부하는 곳 말야.

그거 멋진데? 좋아, 당장 만들자!

애들아,
저길 봐.

와, 새다!

그래. 그럼 새들도 죽게 되지. 자연을 보호하는 것은 수많은 생명을 살리는 일이란다.

선생님, 이제부터 작은 식물도 소중히 여겨야겠어요.

하하, 그래. 그 마음 잃지 말아라.

헨리의 수업 방식은 남달랐습니다. 헨리는 아이들을 데리고 밖으로 나가 자연 속에서 스스로 배우도록 했습니다. 아이들은 직접 보고, 만지고, 이야기하며 지식을 배워 나갔습니다.

헨리의 이런 수업 방식은 훗날 '생태 학습'이라는 교육법으로 널리 알려졌습니다.

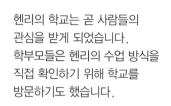

헨리의 학교는 곧 사람들의
관심을 받게 되었습니다.
학부모들은 헨리의 수업 방식을
직접 확인하기 위해 학교를
방문하기도 했습니다.

무슨 일로 오셨죠?

우리 아이를 이 학교에
보내고 싶어서요.
어떤 학교인지 직접
보러 왔습니다.

아, 마침 지금은 아이들이
교실에서 수업을 할 시간입니다.
함께 보러 가시죠.

오호~.

정말 놀랍군요. 사실 나는 이 학교가
체벌을 하지 않고 학생들을
가르친다고 해서 틀림없이 수업 시간이
엉망일 거라고 생각했지요.

그런데 지금까지 보았던
그 어떤 학교의 학생들보다
열심히 공부하는군요.
집중도도 높고요.

헨리가 세운 학교의 인기는 날로 높아져,
점점 학생 수가 많아졌습니다.
그럴수록 헨리가 학생들과 함께 숲에서 보내는
시간도 길어졌습니다.

헨리는 아이들이 자연을 배우는 모습을 보며 어릴 때처럼 자유롭게 뛰놀고 싶다는 생각이 들었습니다.

형, 우리 여행 가지 않을래?

학교가 쉬는 방학 동안 떠나는 거야.

갑자기 무슨 소리야?

네가 말하는 여행이라면 분명 특별한 게 있을 것 같은데?

응, 배를 타고 강을 따라 흘러가는 여행이지.

강을 따라 여행을 한다?

응, 가다가 날이 저물면 배를 묶어 놓고 야영을 하는 거야.

배가 고프면 낚시를 해서 물고기를 잡거나 나무 열매를 먹고 말이야.

하하하! 상상만 해도 설레는걸? 당장 떠나자!

헨리와 존은 *카누를 타고 강을 따라 여행을 시작했습니다.
헨리는 훗날 이 여행에 대한 기록을 모아 《콩코드강과 메리맥강의 일주일》이라는 책으로 펴냈습니다.

*카누: 노로 젓는 작은 배

콩코드강에서 **103**

헨리와 존은 2주일 동안 강을 따라 여행했습니다. 헨리는 매일 밤 잠들기 전에 그날 있었던 일을 적어 두었습니다.

하아, 이렇게 사는 것도 꽤 낭만적일 것 같아.

교사 생활 그만두고 형이랑 이렇게 살면 좋겠다.

나쁘지 않은데? 우리를 기다리는 아이들만 없다면 당장이라도 그렇게 하고 싶어.

에이, 나보다 아이들을 좋아하는 형이 그럴 수 있겠어?

하지만 언젠가 꼭 자연 속에서 이렇게 살고 싶어.

2주 동안의 여행을 마치고 돌아온 헨리는
자연에서 느낀 감동을 가슴에 담고
다시 일상으로 돌아왔습니다.
그러던 어느 날이었습니다.

아야!

따가워라!
손을 베었네.

얼마 후, 대수롭지 않게 여겼던 작은 상처가
파상풍으로 번지면서 존은 자리에 눕고
말았습니다. 파상풍은 상처로 균이 들어
가면서 생기는 병으로, 빠른 시간 안에
사망에 이르는 무서운 병이었습니다.

앗, 오빠! 정신 차려!

헨리!

존이 죽자 헨리는 슬픔을 이기지 못하고 몸져누웠습니다. 헨리와 존 형제가 운영하던 학교는 문을 닫았습니다.

오빠! 오빠마저 왜 이래? 제발 기운 내.

형, 돌아와······.

소로와 친구들

하나 **소로에게 영향을 준 사람**

랠프 왈도 에머슨(1803~1882년)

콩코드에 있는 에머슨의 무덤

랠프 왈도 에머슨은 미국의 시인이자 철학자입니다. 목사 집안에서 태어난 에머슨은 하버드 신학대를 졸업하고 목사가 되었으나 《성경》에 얽매이지 않고 자신만의 종교관으로 설교를 했어요. 교회는 그런 에머슨을 인정하지 않았고, 결국 에머슨은 목사를 그만두었습니다. 그 후 에머슨은 유럽으로 건너가 독일 철학을 공부합니다. 또 인도 철학을 비롯한 동양 철학에도 깊은 관심을 가졌지요. 다양한 종교를 접한 후 에머슨은 그리스도교를 비판하게 되었어요. 그리고 진리는 종교가 아니라 자연 속에서 찾아야 한다고 주장했지요. 에머슨의 이러한 주장은 훗날 '초월주의'라는 철학으로 정리됩니다.

에머슨은 소로에게 큰 은인이었어요. 에머슨은 소로에게 《다이얼》이란 잡지에 글을 발표할 수 있는 기회를 주었고, 소로가 월든 호숫가에서 지낼 수 있도록 땅을 내어 주기도 했어요. 에머슨은 소로의 동반자이자 후원자였습니다.

who? 지식사전

초월주의를 주도한 랠프 왈도 에머슨

초월주의

19세기 들어 미국은 눈부신 속도로 발전합니다. 그런데 발전만을 앞세우면서 인간의 정신적 가치는 무시되고 파괴되어 갔어요. 이러한 분위기 속에서 초월주의가 탄생합니다. 초월주의는 에머슨을 비롯한 미국의 사상가들이 주도한 사상 개혁 운동이에요. 초월주의를 한마디로 요약하면 '물질에 대한 욕심을 버리고 자연 속에서 진리를 찾으려는 움직임'입니다. 헨리 데이비드 소로, 엘리자베스 피보디, 올코트 등의 젊은 사상가들은 에머슨이 주도한 초월주의에 열광했어요. 이들은 '초월주의 클럽'을 만들어 초월주의를 퍼뜨리는 데 힘썼습니다.

엘리자베스 피보디(1804~1894년)

엘리자베스 피보디는 미국의 교육자로 초월주의 운동에
참여한 인물입니다. 그녀는 초월주의 기관지인 《다이얼》을
발행했는데, 본인도 이 책에 글을 실었어요. 피보디는
1839년에 보스턴의 웨스트 스트리트에 서점을 열었어요.
이 서점은 보스턴 지역 지식인들의 모임 장소로
이용되었습니다.

초월주의 기관지 《다이얼》을 발행한
엘리자베스 피보디

피보디는 교육가 프리드리히 프뢰벨의 책에 영향을 받아
1860년에 미국 최초로 영어를 사용하는 유치원을
설립하기도 했어요. 그녀는 1867년 유럽으로 건너가
프뢰벨의 교육법을 공부했고, 몇 명의 독일 유치원
교사들과 함께 미국으로 귀국했어요. 그 뒤 유치원을
세우는 일에 온 열정을 바쳤어요. 또한 유치원을 정식
학교 교육 체제로 인정받기 위해 강연회를 열고, 책도
펴냈답니다. 《유치원 문화》, 《이탈리아의 유치원》,
《유치원 선생님들에게 보내는 편지》 등이 그때 쓴
책입니다.

피보디는 너대니얼 호손의 아내인 소피아와
자매였어요. 피보디는 그 인연으로 자신의 출판사에서
호손의 초기 작품 세 권을 펴내기도 했습니다.

콩코드에 있는 엘리자베스 피보디의 무덤
ⓒ Midnightdreary

교육가 프리드리히 프뢰벨(1782~1852년)

독일의 교육가 프리드리히 프뢰벨은 세계 최초로 유치원을 세운 사람이에요. 평생 유아
교육에 앞장섰고, 보모 양성은 물론 여성 교육의 발전에도 헌신했던 교육가입니다. 프뢰벨은
1807년부터 독일 프랑크푸르트의 모범 학교에서 교사 생활을 했어요. 그 시절 그는 교직이
천직임을 깨닫고, 자신의 삶을 교육에 바치기로 결심합니다. 프뢰벨은 그 결심대로 1816년에
그리스하임에 교육 연구소를 세우고, 1840년에 블랑켄부르크에 세계 최초의 유치원을
세웁니다. 프뢰벨은 구, 점, 선, 정육면체 등의 장난감을 사용하는 놀이가 어린이들의 성장에
도움을 준다고 믿었어요. 지금도 많은 유아 교육 기관에서 이 교육법을 따르고 있답니다.

프리드리히 프뢰벨의 초상화

인도의 민족 지도자 마하트마 간디

러시아의 대문호 레프 톨스토이

둘 　소로가 영향을 준 사람

마하트마 간디(1869~1948년)

마하트마 간디는 인도의 민족 지도자입니다. 그는 인도가 영국의 식민 지배를 받을 때 인도인들의 기둥이자 정신적인 아버지였어요. 1922년 간디를 만난 인도의 시인 타고르는 간디에게 '마하트마(Mahatma)'라고 칭송한 시를 바쳤어요. '마하트마'는 '위대한 영혼'이란 뜻이에요. 간디가 마하트마 간디라고 불린 것은 이때부터입니다. 본래 이름은 모한다스 카람찬드 간디이지요. 간디는 세계적으로 역사에 길이 남을 민족 지도자로 평가받아요. 그 까닭은 간디가 비폭력주의를 내세운 민족 운동을 펼쳤기 때문이에요. 보통 식민 지배를 받는 민족의 지도자들은 저항을 위해 어쩔 수 없이 폭력을 사용하는 경우가 많아요. 그러나 간디는 평화적인 방법으로 저항을 펼쳤어요. 그리고 그 저항을 성공적으로 이끌었습니다.

마하트마 간디는 소로에게서 영향을 받았습니다. 소로의 《시민 불복종》을 읽고, 인도인을 착취하는 영국 정부에 대항할 뜻을 품었거든요. 평화를 사랑한 간디는 인도에서 오랫동안 대립한 힌두교와 이슬람교의 화해를 위해서도 노력했어요. 하지만 이슬람교를 반대하는 한 청년에 의해 안타깝게도 세상을 떠나고 맙니다.

레프 톨스토이(1828~1910년)

러시아의 대문호 레프 톨스토이는 《전쟁과 평화》, 《안나 카레니나》, 《부활》 등 무수한 명작을 남겼어요. 톨스토이는 스스로 소로의 사상에 영향을 받았다고 여러 번 이야기했을 만큼 소로를 존경했어요. 1900년 톨스토이는 소로의 《시민 불복종》을 읽게 됩니다. 톨스토이는 이 책을 읽고 크게 감동했어요. 그리고 소로의 주장과 같이 개인은 자신의 양심에 따라

행동해야 한다는 글을 썼어요. 한 가지 재미있는 것은
톨스토이가 《시민 불복종》을 읽은 때는 이 책이 출판된
지 50여 년이 지난 뒤였다는 것입니다. 그런데도
소로의 글이 톨스토이의 가슴을 흔들 수 있었던
것은 당시 러시아의 상황이 소로가 글을 쓰던 때의
미국과 비슷했기 때문이에요. 톨스토이는 러시아의
국가 정책이 정의롭지 못하다고 생각했어요. 또한
러시아의 교회가 참된 그리스도교 정신과 어긋난다고
생각했습니다.

톨스토이와 소로는 노예 제도, 이상적인 국가, 종교
등에 관해서 서로 생각이 일치하는 면이 많았어요.
그래서 톨스토이는 소로를 재조명했고, 그 덕분에
소로의 위상도 크게 오르게 되었답니다.

무소유의 삶을 살았던 승려, 법정

법정(1932~2010년)

법정은 우리나라의 승려이자 수필가입니다. 여러 권의
수필집을 남겼는데, 《무소유》라는 수필집이 특히
유명합니다. 그것은 법정이 실제로 자신의 글처럼
무소유의 삶을 살았기 때문이에요.

법정은 1970년대 후반에 송광사 뒷산에 불일암이라는
작은 암자를 짓고 청빈한 삶을 살았어요. 이후 서울의
길상사에서 법회를 이끌다가 다시 강원도 산골로
들어가 밭을 일구면서 욕심 없는 삶을 살았지요.

법정은 감명 깊게 읽은 책으로 소로의 《월든》을
꼽았어요. 욕심을 버리고 자연에 묻혀 살려고 했던
소로의 모습에서 현대인이 걸어가야 할 참된 길을
보았기 때문입니다. 언제나 자연인의 삶을 추구했던
법정의 생각은 소로의 사상과 많은 부분 일치합니다.

법정은 욕심 없이 살면 우주의 원리를 보다 쉽게 깨달을
수 있다고 이야기했지요.

법정이 손수 짓고 살았던 불일암

6 월든 호숫가로

계절이 바뀌어서야 헨리는 형 존을 잃은
슬픔을 조금씩 극복할 수 있었습니다.

헨리는 아버지의 연필 공장 일을 도우며
틈틈이 글을 써서 에머슨에게 보냈습니다.
에머슨은 헨리의 글을 《다이얼》이라는
초월주의자들의 잡지에 실어 주었습니다.

글을 쓸수록 헨리는 욕심이 생겼습니다. 이제는 잡지에 싣는 짧은 글이 아닌 진지한 자신만의 이야기를 쓰고 싶어진 것입니다.

아무도 오지 않는 조용한 숲속에서 글을 쓰면 멋진 책을 낼 수 있지 않을까?

헨리는 도움을 청하기 위해 에머슨을 찾아갔습니다.

헨리, 오랜만이군. 어서 오게.

에머슨 씨, 부탁드릴 것이 있어서 왔습니다.

제가 살고 있는 콩코드 마을의 월든 호숫가에 땅을 가지고 계신 걸로 알고 있습니다.

사람들은 헨리를 이상하게 생각했습니다. 그러나 헨리는 다른 사람들의 시선은 신경 쓰지 않고 열심히 집을 지었습니다.

음, 내가 눕기엔 좀 작은데?

집을 만들다가 필요한 것이 있으면 마을로 가서 사 오기도 했습니다.

얼마죠?

헨리, 그렇게 많은 못을 어디에 쓰려고?

집을 만들 거예요.

집을 만든다고? 직접 말인가?

이야, 벌써 많이 지었군. 그런데 나무만으로는 부족할 것 같은데? 비도 샐 테고 말이야.

다 짓고 나면 널빤지를 붙이고 석회를 바를 거예요. 그럼 한결 아늑한 집이 될 겁니다.

그렇군. 일손이 필요하면 언제든 말하게. 초월주의자 동료들이 자네가 짓는 집에 관심이 많다네.

하하하, 좋지요.

헨리의 오두막은 제법 그럴싸하게 지어졌습니다. 마지막으로 널빤지를 두르고 석회를 바를 때에는 에머슨과 초월주의 학자들이 헨리를 도와주러 모였습니다.

헨리, 이건 대패질을 좀 더 해야겠어!

이게 진정한 노동의 가치야.

네, 알겠습니다!

때로는 친구와 가족의 도움을 받기도 했지만,
헨리는 거의 혼자 힘으로 집을 완성했습니다.

집을 다 짓고 나자,
헨리는 집을 짓는 데 얼마가 들었는지
계산해 보았습니다.

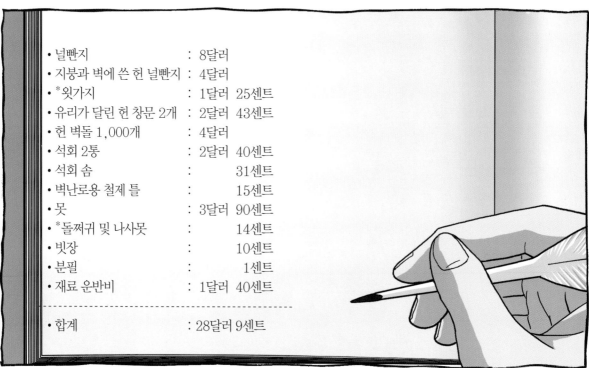

- 널빤지   : 8달러
- 지붕과 벽에 쓴 헌 널빤지   : 4달러
- *윗가지   : 1달러 25센트
- 유리가 달린 헌 창문 2개   : 2달러 43센트
- 헌 벽돌 1,000개   : 4달러
- 석회 2통   : 2달러 40센트
- 석회 솜   :   31센트
- 벽난로용 철제 틀   :   15센트
- 못   : 3달러 90센트
- *돌쩌귀 및 나사못   :   14센트
- 빗장   :   10센트
- 분필   :   1센트
- 재료 운반비   : 1달러 40센트
- -
- 합계   : 28달러 9센트

*윗가지: 흙벽을 바르기 위하여 벽 속에 엮은 나뭇가지
*돌쩌귀: 문을 여닫을 수 있게 하기 위해 다는 쇠붙이

28달러. 요즘의 돈으로는 1,000달러 정도의 가치였습니다. 우리나라 돈으로 환산하면 100만 원 정도이지요. 헨리는 그렇게 적은 돈으로 자신이 살 집을 지었던 것입니다.

28달러라……. 하하하, 난 하버드 대학의 1년 하숙비도 되지 않는 돈으로 집을 지었어.

헨리, 숲속의 오두막은 지낼 만해?

그럼요. 모든 게 만족스러워요.

그런데 마을엔 무슨 일로 내려왔어?

밭에 심을 감자와 콩의 씨앗을 좀 사려고요.

헨리는 오두막 옆에 작은 밭을 일구고
감자와 콩, 옥수수를 심었습니다.
하지만 비료는 단 한 번도 주지 않고
자연 속에서 스스로 성장하도록 두었습니다.

농사 첫해.
순수한 자연 속에서 자란 작물이
밭을 가득 메웠습니다.

14달러 72센트예요.

그럼 자넨 8달러를 남긴 셈이군!

헨리는 텃밭에서 재배한 곡식을 팔아 23달러 44센트를 벌었습니다. 그중에는 농사를 짓지 않고 내버려 둔 땅에서 저절로 자란 곡식도 4달러 50센트 정도 되었습니다.

내가 먹은 것을 따지지 않더라도 나는 제법 괜찮은 농사를 했다. 밭을 갈기 위해 소를 쓰지도 않았고 커다란 쟁기를 사지도 않았다. 만약 소를 가지고 있었다면 나는 소를 돌보느라 아무것도 하지 못했을 것이 뻔하다.

인간이 욕심을 부리지 않는다면, 동물이나 누군가를 강제로 부리지 않아도 충분히 행복한 삶을 살 수 있다. 지금의 수입과 지출로도 나는 생활에 전혀 문제가 없다.

헨리가 농사를 지어 벌어들인 돈은 사실
먹고살기엔 터무니없이 부족한 금액이었습니다.
치즈와 우유를 사거나 겨울 외투를 마련하기 위해
돈이 필요할 때면 헨리는 마을로 내려가
일을 도와주고 품삯을 받았습니다.

헨리, 자네는 정말
훌륭한 손재주를
가졌군.

집을 혼자 지었더니
이 정도는 거뜬해요.
또 일이 있으면 언제든
불러 주세요.

어느덧 헨리가 월든 호숫가의
오두막에 산 지 8개월이 되었습니다.

헨리,
안에 있나?

아, 에머슨 씨.
어서 오세요.

음, 이대로라면 25달러 정도 손해를 본 거 아닌가?

그 정도는 집을 지을 때 들어간 투자 비용이니 빼야죠. 설사 손해라고 해도 전 그렇게 보지 않아요. 이 집에서 자유를 얻었으니까요.

집을 만든 비용을 빼면 헨리는 한 달에 4달러 정도밖에 쓰지 않은 셈이었습니다. 당시 4달러는 지금 우리나라 돈으로 15만 원이 안 되는 금액이었습니다.

그런데 헨리, 8개월 동안 식비가 9달러도 들지 않았다고?

제가 키운 밀로 빵을 만들고, 밭에 있는 감자를 캐 먹기도 하고. 그러다 보니 그 정도로 충분했어요.

하하, 자넨 진짜 멋진 사람이야. 난 자네처럼 소박하게 살 수 없을 걸세.

가끔 친구와 가족들이 찾아오기는 했지만,
헨리는 대부분 혼자 지냈습니다.
헨리는 가장 가까이에 있는 동물, 식물들과
시간을 보내다가 겨울이 되면 밖에 쌓이는
하얀 눈을 보며 오두막 안에서 글을 썼습니다.

헨리 데이비드 소로

헨리가 오두막에 들어간 지 2년이 지나고,
봄이 찾아왔습니다.

자연과 어울리는 삶

하나　소로의 숲속 생활

소로는 왜 숲으로 들어갔을까?

초월주의자 에머슨과 친해진 소로는 에머슨의 배려로 《다이얼》이란 잡지에 글을 발표하게 됩니다. 그 뒤 소로의 마음속엔 자신만의 책을 펴내고 싶다는 열망이 자라납니다. 그래서 소로는 에머슨에게 도움을 구합니다. 에머슨은 월든 호수 근처에 땅을 가지고 있었는데, 소로는 그곳에 오두막을 짓고 살기를 원했지요. 소로는 꿈꾸었던 대로 자신이 지은 오두막에서 《콩코드강과 메리맥강의 일주일》이란 책의 원고를 썼습니다.

소로가 숲에서 살고 싶어 했던 이유가 또 하나 있습니다. 자연인의 삶을 실천하고 싶었기 때문이지요. 소로는 직접 밭을 일구어 필요한 음식을 얻으며 소박한 삶을 살았습니다. 자연에서 진리를 찾아야 한다는 자신의 주장을 실천한 것입니다.

소로는 숲에서 무엇을 원했을까?

소로는 숲속에서 검소하게 지냈습니다. 자신에게 필요한 것 외에는 아무것도 원하지 않았어요. 그래서 소로는 자신이 살 오두막을 직접 만들었고, 농사도 손수 지었으며, 살아가면서 필요한 물건은 마을 일을 도와 얻은 품삯으로 구했습니다.

사실 숲속에서 손수 농사를 지으며 사는 일은 생각처럼 쉽지만은 않습니다. 그런데 소로는 어떻게 행복을 느끼며 살 수 있었을까요? 그것은 자연을 사랑하는 마음 때문이었습니다. 소로는 어릴 적부터 풀과 나무, 숲과 동물을 벗삼아 놀기를 좋아했고, 야영을 통해

월든 호수 근처에 있는 복원한 소로의 오두막

월든 호수의 단풍

자연과 친해졌어요. 특히 대학 시절에 경험했던 링컨
호수에서의 야영과 형 존과 함께한 콩코드강 여행은
자연인으로서의 삶을 꿈꾸게 해 주었답니다.

콩코드에 있는 소로와 가족들의 무덤

소로는 숲에서 무엇을 얻었을까?

소로는 월든 호숫가에서 지낸 2년 동안 《콩코드강과
메리맥강의 일주일》의 원고를 완성했고, 《월든》을
쓰기 시작했어요. 소로는 자신의 삶에 있어 무척
소중한 두 가지를 얻은 것입니다. 그러나 이보다 더
중요한 것이 있어요. 그것은 일의 노예가 되어 살지 않을 수
있다는 자신감입니다. 또 자연과 어우러져 살아가는
삶이 물질적인 욕심에 얽매여 살아가는 삶보다 훨씬 가치
있다는 깨달음도 얻을 수 있었습니다. 소로는 자연에서
평생 가슴에 담고 살아갈 진리를 얻은 것입니다.
그러나 세상에 나온 소로를 맞이한 건 위법자라는
올가미였습니다. 경찰은 소로가 세금을 내지 않았다는
죄로 체포했습니다. 그리고는 세금만 내면 풀어 준다며
소로를 설득했습니다. 하지만 소로는 전쟁을 벌이고 노예
제도를 유지하는 그릇된 정부에 세금을 낼 수 없다며
저항했어요. 이러한 저항 정신 역시 숲에서의 생활을 통해
더욱 단단히 굳어진 것입니다.

콩코드강의 풍경

who? 지식사전

소로가 사랑했던, 월든 호수

월든은 미국 매사추세츠주의 콩코드에서 1마일가량 떨어진 곳에 있는 작은 호수입니다. 호수 주변은 아름다운 숲이
둘러싸고 있어요. 호숫가의 풍경은 계절에 따라 달라지는데, 특히 10월의 풍경이 아름다워요. 예쁘게 물든 단풍이 호수와
함께 어우러지는 풍경은 찾아온 이들의 발걸음과 마음을 사로잡는답니다. 소로도 이 아름다운 호수에 마음을 빼앗겼어요.
그래서 호숫가에 오두막을 짓고 살았지요. 지금 소로의 오두막은 사라지고 없지만, 후대 사람들이 옛날 모습 그대로 다시
지은 오두막이 그 자리를 지키고 있어요. 또 소로의 동상도 세워져 있습니다. 많은 관광객들이 소로의 정신을 느끼기 위해
월든 호수를 찾아와요. 주민들은 이렇게 아름다운 호수를 정성을 들여 보호하고 있답니다.

우리가 소로에게 배울 점

자연과 환경을 보호하는 마음

이 세상에 꽃도 나무도 없고, 숲도 없다고 상상해 보세요. 그러면 보금자리를 잃은 곤충과 동물 들이 모두 사라질지도 몰라요. 또 강변과 해수욕장이 기름과 악취로 가득하다면 어떨까요? 물에 사는 생물들이 떼죽음을 당할 거예요.

생태 공원과 휴식 공간으로 되살아난 서울의 청계천 ⓒ madmarv00

그리고 그다음은 사람의 차례가 될 것입니다. 이렇게 자연을 파괴하면 그 결과는 고스란히 우리에게 되돌아옵니다. 지금 세계 곳곳에서는 환경 파괴로 인한 피해들이 일어나고 있어요. 이상 기후, 새로운 질병, 건강을 해치는 환경 호르몬 발생 등이 바로 그것들입니다. 이제 전 세계가 환경 보호의 중요성을 알고 있습니다. 그래서 더러워진 하천을 되살리고, 자동차에 매연 절감 장치를 달고, 생태 공원을 만드는 등 환경 보호를 위해 노력하고 있어요. 우리의 삶은 자연과 뗄 수 없어요. 자연은 자연 그대로 두어야 한다는 소로의

서울 양재동 시민의 숲. 시민의 숲은 시민의 휴식을 위해 조성한 도심 속 녹색 공간이에요. ⓒ 주전자

who? 지식사전

만리포 해수욕장을 덮은 기름을 제거하고 있는 사람들 ⓒ 이미지

태안 기름 유출 사고

2007년 12월 7일 충청남도 태안군 만리포에서 해상 크레인과 유조선이 충돌하는 사고가 일어났습니다. 이 사고로 유조선의 기름이 바다를 뒤덮는 비극이 일어납니다. 이때 흘러나온 기름은 자그마치 1만 2,547킬로리터나 되었어요. 태안을 뒤덮은 기름은 전라남도 진도와 해남, 제주도의 추자도 해안까지 번졌어요. 기름이 퍼지는 것을 막아야 할 제방이 높은 파도와 강풍 탓에 제 역할을 하지 못했고, 기름을 막기 위한 담도 제때 설치하지 못해서 피해가 더욱 커진 것입니다. 정부는 주변의 6곳 시·군을 특별 재난 지역으로 선포했어요. 어민들은 생계를 위협받을 만큼 큰 피해를 입었답니다.

목소리를 되새겨야 할 때입니다.

지나친 욕심을 버리는 태도

자, 우리의 친구 길동이의 하루를 살펴볼까요?
길동이는 심부름을 해서 받은 용돈으로 장난감을
샀어요. 그런데 장난감을 사고 나니, 더 비싼 장난감이
갖고 싶어졌어요. 길동이는 비싼 장난감을 사기 위해
다시 용돈을 모으려고 심부름에 매달리게 됩니다.
그러자 길동이의 마음은 장난감, 용돈, 심부름으로 가득
차고 말아요. 심부름을 하느라 친구들과 놀지도 못하고,
좋아하는 만화 영화도 못 보게 되었어요. 먼저 산 장난감을
갖고 놀 시간마저 없어졌습니다. 길동이는 자신의 욕심
때문에 일의 노예가 된 것입니다.
소로는 이런 식으로 욕심이 개인의 삶을 망가뜨린다는 것에
주목했어요. 심부름을 해서 모은 용돈으로 장난감을 사겠다는
마음 자체가 나쁜 것은 아니에요. 더 비싼 장난감을 갖겠다는
욕심에 사로잡혀 심부름에만 매달리는 것이 잘못이지요.
길동이가 처음 산 장난감에 만족하고 욕심을 버린다면 하루를
즐겁게 보낼 수 있을 거예요.

여러분도 혹시 장난감이나 다른 것에 대해 끝없는 욕심
을 부리고 있지 않은지 생각해 보세요.

지금 가진 것에 감사하고 만족하는 삶을 산다면

사람도 동물도 모두 행복해질 거야.

멸종 위기에 놓인 동물들

늑대. 늑대는 한국, 시베리아, 사할린섬, 중국,
인도를 비롯해 인도네시아의 수마트라섬과 자
바섬 등지에 살아요. 남한에서는 이미 멸종한
것으로 알려져 있어요. © Chris Muiden

반달가슴곰. 가슴에 반달 모양의 흰 무늬가 있
어 반달가슴곰이란 이름을 얻었어요. 한국을 비
롯해 동남아시아의 숲에 살아요. 한국에서 특히
멸종 위험이 높아서 천연기념물 제329호로 지
정하여 보호하고 있어요. © Flominator

검독수리. 검독수리는 한국을 비롯해 아시아,
유럽, 미국 등에 살아요. 유럽이나 미국에는 아
직 많이 살고 있는데, 한국에서는 매우 희귀해
요. 그래서 천연기념물 제243호로 지정하여 보
호하고 있어요. © Rocky

7 영원한 자연인

헨리는 월든 호수의 오두막에서 생활한 지 2년 만에 마을로 나왔습니다.
헨리는 이제 세상의 어떤 유혹에도 자신의 소박한 삶을 버리지 않을 용기가 생겼다고 생각했습니다.

마을에 돌아온 헨리는 곧바로 *유치장에 갇혔습니다. 월든 호수에서 지낸 2년 동안 세금을 내지 않았다는 이유에서였습니다.

지금이라도 세금을 내겠다는 약속을 하면 풀어 주겠소.

내지 않겠습니다.

선생, 이 나라에 살기 위해서는 세금을 내야 합니다.

난 잘못된 정책을 펼치는 나라에 세금을 낼 수 없습니다.

잘못된 정책이라니요?

*유치장: 가벼운 죄를 지은 사람을 잠시 동안 가두어 두는 곳

헨리는 계속 글을 썼고 여러 곳에서 강연도 했습니다. 강연에서는 자연을 이야기하거나 정부를 비판했습니다.

모든 사람은 소중합니다. 백인이든 흑인이든, 남자이든 여자이든 상관없이 말이죠. 그래서 저는 피부색이 다르다는 이유만으로 사람을 차별하는 노예 제도에 반대합니다.

그리고 1854년, 책《월든》을 펴냈습니다. 월든 호숫가에서 오두막을 짓고 생활했던 헨리의 2년간의 경험이 고스란히 녹아 있는 책이었습니다.

그러나 안타깝게도 이 책 역시 사람들의 관심을 받지 못했습니다.

몸에 이상을 느낀 헨리는 의사의 진찰을 받았습니다.

소피아, 잠깐 이야기 좀 할까요?

네.

선생님, 감기가 심한가요?

헨리의 병은 결핵이었습니다. 당시에 결핵은 목숨을 앗아 가는 무서운 병이었습니다.

결핵입니다.

네?

헨리가 쓴 책 《월든》은 헨리가 죽고 난 후
알려지기 시작해, 150여 년이 지난
오늘날까지 전 세계적으로 읽히고 있습니다.

문명이 발달하고, 사회가 복잡해지면서 사람들은
옛날보다 훨씬 편리한 생활을 하게 되었습니다.
그러나 새로운 문제도 생겨났습니다.

환경이 오염되어 생태계가 파괴되고,
인간다운 따뜻한 마음이 사라진 것입니다.
요즘 사람들은 주어진 자원을 함부로 사용하고,
마음의 여유 없이 바쁘게 살아갑니다.

그리하여 지금,
자연과 어울려 사는 삶을
추구한 헨리의 사상은
새롭게 주목받고 있습니다.

자연 그대로 인간의 삶을 추구하며,
인간에게 필요한 최소한의 생활에서 만족을
느끼는 생활. 현대인들은 헨리의 책을 통해
마음의 안식을 얻었습니다.

또 헨리가 실천한 '욕심 없는 소박한 삶',
'자연으로부터 꼭 필요만 것들만 얻어 생활하는 삶'은
점점 더 좋은 것을 가지려 욕심을 부리는
현대인들에게 큰 교훈을 주었습니다.
일상의 사소한 모든 것에 감사하며 행복하게 살 수 있는
마음을 가질 수 있게 해 주었기 때문입니다.

한편, 헨리를 아꼈던 에머슨의 가족들은
헨리가 지냈던 월든 호숫가의 오두막 주변을
공원으로 만들었습니다. 헨리의 삶을
접해 보고 싶은 사람들이 언제든
그곳을 찾을 수 있도록 하기 위해서
였습니다.

헨리 데이비드 소로.
그는 자연인이었으며
자유인이었습니다.

그는 있는 그대로의 자연을 사랑했고,
그것이 가장 아름답다고 여겼습니다.
그리고 자신도 자연의 일부로 살아가길 바랐습니다.

많이 가질수록 욕심은 커지고, 행복과는 멀어진다고
이야기한 소박한 철학자 헨리 데이비드 소로.
그는 오늘도 자연과 하나가 되어 자신의 오두막을
찾는 사람들에게 환하게 미소 짓고 있습니다.

who?와 함께라면 미래가 보인다

어린이
진로 탐색

수필가

어린이 친구들 안녕?
헨리 데이비드 소로 이야기 재미있게 읽었나요?

그렇다면 이제부터
헨리 데이비드 소로가 꿈을 키워 가는 과정을 함께 되짚어
보며 그가 활동한 분야와 그 분야에 속한 다양한 직업에 대해
살펴봐요!

또한 여러분에게는 어떤 장점과 적성, 가능성이
숨어 있는지 찾아보면서
그것을 어떻게 진로와 연결시킬 수 있는지에 대해서도
알아봅시다!

그럼 지금부터
여러분이 멋진 꿈을 향해 나아갈 수 있도록 도와줄
진로 탐색을 시작해 볼까요?

자기 이해부터
진로 체험까지,
다양한 진로 탐색
활동을 시작해 봐요!

나만의 다른 점은?

소로는 어렸을 때에 또래 아이들과는 달리 혼자 책을 읽는 것을 좋아했고, 말수가
적었습니다. 그래서 또래 아이들은 소로를 이상한 아이라고 생각하기도 했어요.
하지만 부모는 소로를 이상하다고 생각하지 않았고, 오히려 소로의 생각을 존중해
주었습니다. 그래서 소로는 자신이 무엇을 하고 싶은지를 잘 알고, 자신의 생각을
당당하게 말할 수 있었습니다. 이렇게 사람들은 저마다 다른 점이 있는데, 그것을
'개성'이라고도 합니다. 다른 사람의 개성을 존중하고 본받을 점을 찾는다면 여러분은
더욱 훌륭한 사람이 될 수 있습니다. 먼저 나의 개성을 알아보고 그에 대해서 친구와
이야기해 보세요.

보 기

저는 엉뚱한 생각을 많이 해요. 친구들은 저를 사차원이라고 놀리지만, 엉뚱한
생각 덕분에 친구들이 생각하지 못하는 점을 지적하거나 새로운 것을 개발해
내어 과학 대회에서 상을 타기도 했어요.

* 나만의 개성은 무엇인가요?

* 나의 개성에는 어떤 장점이 있나요?

* 친구에게 나의 개성을 어떻게 설명할 수 있을까요?

내가 좋아하는 곳은?

소로는 어렸을 때부터 형 존과 숲과 강 근처에서 뛰어노는 것을 좋아했습니다.
대학에 가서는 친구와 링컨 호수에서 야영을 했고, 성인이 되어서는 월든 호수
근처에 집을 지어 자연 속의 삶을 직접 실천하기도 했습니다. 소로는 이렇게
즐거웠던 경험이나 색다른 체험을 한 장소에 대해 글을 써서 많은 사람들에게
소개하고, 유명한 작가가 될 수 있었어요. 여러분도 소중한 추억이 있는 곳이나 평소
좋아하는 장소를 친구에게 소개하고 이야기를 나누어 보세요.

✽ 어떤 장소를 소개하고 싶은가요?

✽ 그 장소와 관련된 좋은 기억은 무엇인가요?

✽ 친구에게 소개할 장소의 좋은 점을 적어 보세요.

내가 좋아하는 수필가는?

소로가 쓴 글처럼 일상생활에서의 경험 또는 그에 대한 자신의 생각을 쓴 글을
수필이라고 합니다. 아래에서 추천하는 수필이나 내가 읽고 싶은 수필을 찾아 읽고
작가에 대해서도 조금 더 알아보세요. 상상이 중심인 소설과 달리 수필은 작가
자신의 생각과 직접 경험한 것을 쓴 글이기 때문에 작가가 어떤 사람인지를 알면
책을 더 재미있게 읽을 수 있고, 수필가의 생각을 더 깊이 이해할 수 있을 거예요.

수필 제목: 〈안네의 일기〉
작가: 안네 프랑크
내용 소개: 네덜란드에 살던 유대인 소녀 안네 프랑크가 나치를 피해 은신처에
숨어 살며 일어나는 일과 자신의 생각을 써 내려간 일기 형식의 수필입니다. 제
2차 세계 대전 당시의 시대상 뿐만 아니라 사춘기 소녀였던 안네가 성장하는
과정을 볼 수 있습니다.

✳ 안네 프랑크가 어떤 사람인지 더 알아볼까요?

✳ 글을 읽은 뒤 나의 생각을 적어 보세요.
작가의 생각 중 어떤 점이 인상 깊었나요?

나만의 이야기를 글로 쓴다면?

소로는 월든 호숫가에서 2년 동안 살았던 경험을 글로 써 《월든》이라는 책을 냈고, 정부의 잘못된 정책을 비판하며 세금을 거부하여 감옥에 갔던 경험을 바탕으로 《시민 불복종》이라는 책을 냈습니다. 책을 통해 자신의 경험과 생각을 많은 사람들에게 알린 것이지요. 여러분이 만약 미래에 책을 낸다면 어떤 경험과 생각을 담을 것인지 생각해 보세요.

✳ **책 제목**

‒‒

✳ **책을 통해 이야기하고 싶은 것을 간단히 정리해 보세요.**

‒‒

‒‒

‒‒

✳ **내 책을 어떤 사람이 읽었으면 좋을지 써 보세요.**

‒‒

‒‒

자연과 어울리는 삶을 체험할 수 있는 자연 휴양림

수필가가 되기 위해서는 새로운 경험을 많이 하는 것이 좋습니다. 생각의 폭을 넓히고, 다양한 시각으로 세상을 볼 수 있기 때문입니다. 소로는 특히 자연에서 많은 것을 배울 수 있다고 믿었습니다. 그래서 숲에서 아이들을 가르치는 생태 학습을 제안했고, 스스로 자연에서의 삶을 실천하기도 했습니다. 그러한 경험을 쓴 수필은 많은 사람들에게 좋은 평가를 받기도 했습니다.

이처럼 자연을 직접 느끼고, 생활할 수 있도록 꾸며진 공간이 있습니다. 바로 전국의 산과 숲에 조성된 자연 휴양림입니다. 자연 휴양림은 전국 곳곳에 조성되어 있으며, 휴양림에 따라 다양한 산림 문화 체험 프로그램이 마련되어 있습니다. 또한 자연 휴양림마다 숙박 시설이 있기 때문에 소로처럼 숲속 오두막 생활을 경험해 볼 수도 있습니다.

야외 교실, 자연 관찰원이나 숲속의 집 등의 다양한 시설을 갖춘 세심 자연 휴양림
ⓒ 연합뉴스

먼저 국립 자연 휴양림 관리소 홈페이지(www.foresttrip.go.kr)를 통해 집에서 가까운 자연 휴양림을 찾아보세요. 홈페이지의 '휴양림 소개'라는 메뉴를 클릭하면 '지역별 찾기'에서 지도를 통해 자연 휴양림의 위치와 세부 지도를 볼 수 있습니다. 개별 자연 휴양림 소개 페이지에서는 숙박 시설을 예약하거나 진행하는 문화 체험 프로그램도 확인할 수 있습니다.

특별한 나만의 수필 쓰기

소로처럼 여러분도 여러분의 경험과 생각을 수필로 써 보세요.

수필은 꼭 따라야 하는 형식이 없기 때문에 '붓 가는 대로 쓴 글'이라고도 합니다.

그러니 어렵게 생각할 필요가 없습니다. 먼저 어떤 경험을 글로 쓸지 생각해 보고,

그중에서 가장 기억에 남는 것이나 재미있었던 일을 골라 자신의 생각이나 느낌을

솔직하게 써 보세요.

그리고 마지막으로 이 글을 읽는 사람에게 전달하고 싶은 이야기를 정리해서

마무리해 보세요. 특별한 나만의 수필을 완성할 수 있을 거예요.

헨리 데이비드 소로

1817년		7월 12일, 매사추세츠주 콩코드에서 태어났습니다.
1821년	4세	가족이 보스턴으로 이주했습니다.
1823년	6세	다시 콩코드로 돌아와 콩코드 아카데미에 입학하였습니다.
1827년	10세	최초의 수필 〈계절〉을 썼습니다.
1833년	16세	하버드 대학교에 입학하였습니다.
1837년	20세	에머슨을 만납니다.
		선생님으로 일하던 중 학생 체벌을 거부하고 스스로 교직을 그만둡니다.
1839년	22세	형 존과 함께 사설 학교를 운영합니다.
		형 존과 함께 강줄기를 따라 여행을 합니다.
1842년	25세	형 존이 파상풍으로 사망합니다.
1845년	28세	월든 호숫가에 오두막을 짓고 살기 시작합니다. 《콩코드강과 메리맥강의 일주일》을 집필하기 시작합니다.

1847년	30세	월든 호수에서 나왔습니다.
1848년	31세	세금 납부 거부로 감옥에 갇혔던 경험을 바탕으로 '정부와의 관계에서 개인의 권리와 의무'에 대한 강연을 합니다.
1849년	32세	《콩코드강과 메리맥강의 일주일》을 출판합니다.
1853년	36세	《콩코드강과 메리맥강의 일주일》 초판 1,000부 중 팔리지 않은 706부를 구입합니다.
1854년	37세	월든 호숫가에서 지낸 경험을 바탕으로 쓴 책 《월든》이 출간됩니다.
1860년	43세	모나드녹산에서 5일간 야영합니다. 이것이 소로의 마지막 야영입니다.
1861년	44세	의사의 권유로 휴양을 위해 미네소타로 갑니다. 여동생 소피아가 소로의 원고를 정리해 줍니다.
1862년	45세	《산책》을 발표합니다. 5월 6일, 콩코드에서 생을 마감합니다.

찾아
보기